El gemelo solitario

Peter Bourquin
Carmen Cortés

El gemelo solitario

3ª edición

Desclée De Brouwer

1ª edición: noviembre 2014
2ª edición: junio 2016
3ª edición: febrero 2019

© 2014, EDITORIAL DESCLÉE DE BROUWER, S.A.
Henao, 6 – 48009
www.edesclee.com
info@edesclee.com

 EditorialDesclee

 @EdDesclee

ISBN: 978-84-330-2753-5
Depósito Legal: BI-1648-2014

Impreso en España – Printed in Spain

Índice

TERCERA PARTE
TESTIMONIOS

Introducción

Hemos dedicado este libro al 'gemelo solitario', un término acuñado por nosotros mismos para referirnos a aquellas personas que empezaron su vida en un embarazo múltiple, habitualmente gemelar, y que perdieron a su hermano o hermana bien durante el embarazo, en el parto o en los primeros años de vida. Al hablar de 'gemelo' nos estamos refiriendo también a mellizos o trillizos.

Aunque a primera vista sorprenda, es un hecho conocido y corroborado por la ciencia desde los años 70 que entre el 10% y el 15% de los embarazos humanos empieza como embarazo múltiple, de los que solo uno de cada diez llega a ser, finalmente, un parto de gemelos. Eso significa que por lo menos una de cada diez personas empezó su vida acompañada por una hermana o hermano gemelo y que lo perdió durante el embarazo, mayoritariamente durante los tres primeros meses de gestación. En estos casos la ciencia habla de gemelo evanescente, en referencia al hecho de que habitualmente ese gemelo no deja rastro alguno; sin embargo, si la gestación ha sido más avanzada, puede que queden huellas biológicas que se muestran durante el parto, como una segunda placenta o un feto papírico.

Lo que resulta sorprendente es que, a pesar de que en el ámbito de la psicología siempre ha existido una fascinación y curiosidad especiales por los gemelos vivos porque permiten estudiar el desarrollo de la personalidad en sus diversas particularidades, hasta hace bien poco apenas se ha prestado atención a lo que esta experiencia de pérdida representa para el gemelo superviviente, sobre todo teniendo en cuenta que se trata de la vinculación más estrecha que conocemos los humanos, incluso más aún que la relación con la madre.

Pues bien, ese es precisamente el núcleo de este trabajo; desde hace algunos años empezamos a plantearnos qué consecuencias podía tener para una persona el hecho de pasar las primeras semanas o meses junto a un gemelo en el útero y pasar después por la experiencia de la pérdida y nacer sola. Las respuestas a esa y otras muchas preguntas es lo que abordamos en el presente libro. Para ello nos hemos basado tanto en las publicaciones e investigaciones realizadas en países como Alemania, Inglaterra y Estados Unidos, como en nuestra propia investigación y experiencia, profesional y personal. Desde el año 2005, en que impartimos por primera vez un taller para gemelos en Madrid, ofrecemos con regularidad talleres para gemelos solitarios; en ellos, gracias a los relatos de las personas afectadas, cuya voz aparece con frecuencia en este libro en forma de testimonios personales, hemos llegado a comprender la importancia de haber comenzado la vida acompañado y las consecuencias que pueden manifestarse en diferentes áreas de la vida por haber sufrido la pérdida del hermano.

Nuestra intención al escribir este libro en primer lugar es que sea de utilidad para las personas que han pasado por esta experiencia. Si leerlo les ayuda a entenderse mejor y a dar algunos pasos hacia la sanación de esa vieja herida causada por la pérdida de la persona más cercana y querida, entonces esta obra habrá cumplido su función.

En segundo lugar, confiamos que sirva también para familiarizar a los terapeutas profesionales con las singularidades de las personas que son gemelos solitarios; en no pocos casos, ante problemas que trabajados por otras vías no han experimentado cambios sustanciales, resulta una hipótesis valiosa considerar que la experiencia nuclear detrás de esas dificultades consiste en la pérdida de un hermano gemelo.

Abraham Maslow dijo en una ocasión: "*Cuando la única herramienta con la que cuentas es un martillo, todos los problemas parecen clavos*'. Por supuesto sería erróneo reducir todas las dificultades que una persona experimenta al hecho de ser un gemelo solitario, no obstante son justo las primeras experiencias en nuestra vida las que nos marcan más profundamente y las que forman los cimientos de nuestra existencia.

A la vez esperamos que este libro llene algunas lagunas existentes hoy día sobre el tema del gemelo solitario en el ámbito de la psicología.

En cuanto a la metodología, hemos decidido plantear el tema abordando en primer lugar la perspectiva biológica del fenómeno seguida por la psicológica; en tercer lugar damos paso a las experiencias personales que nos permiten ver con detalle cómo esta vivencia puede afectar las distintas facetas de la vida de las personas afectadas. A continuación planteamos nuestras comprensiones acerca de cómo se produce el proceso de integración y sanación de esta herida. Finalmente, hemos querido incluir también algunas muestras de cómo este tema de la pérdida de un gemelo ha dejado huella en nuestra cultura así como en otras.

Hemos decidido por razones de simplicidad referirnos al gemelo, mellizo, hermano, en masculino sabiendo por supuesto que es una reducción; sin embargo, nos ha parecido preferible al hecho de utilizar los dos géneros alternativamente.

También queremos referirnos aquí al hecho de que este libro es el fruto de la colaboración de sus autores, Peter Bourquin y Carmen Cortés, no solo en lo que a escribirlo se refiere sino también al trabajo realizado durante años de investigar e impartir talleres sobre este tema. Por lo tanto, ambos respaldamos íntegramente lo aquí expuesto.

Finalmente, mencionar que se trata de un trabajo pionero ya que en el momento de escribir estas líneas todavía no se ha publicado ningún libro en español sobre el tema, de modo que, como en cualquier trabajo pionero, queremos hacer especial hincapié en la provisionalidad de lo que aquí se expone y en la necesidad de seguir investigando porque, como ocurre a menudo, encontrar ciertas respuestas hace surgir nuevas preguntas.

Primera parte
Desde la biología

"La historia de los nueve meses anteriores al nacimiento de un ser humano es, probablemente, mucho más interesante y contiene acontecimientos más trascendentales que los setenta años siguientes".

Samuel Taylor Coleridge (1772-1834)

1

El comienzo de la vida – de la concepción al parto

Probablemente el comienzo de la vida, llegar a tener el cuerpo humano que tenemos cuando finalmente nacemos, sea para cada uno de nosotros el proceso y el viaje más espectacular que jamás haremos. Este proceso tiene lugar en un entorno oscuro, protegido y, hasta hace poco, secreto, pero no por eso es menos impresionante. Ocurre mas allá de nuestra visión y, muchas veces, al comienzo del embarazo puede que ni siquiera tengamos conocimiento del proceso que se ha puesto en marcha en la profunda intimidad del cuerpo femenino.

Esta primera etapa de nuestra vida ha estado rodeada de misterio o bien ha sido sujeto de las más bizarras especulaciones hasta hace unas pocas décadas en que, gracias al desarrollo de diversas tecnologías aplicadas al campo de la obstetricia –como la utilización de los ultrasonidos, la fotografía intrauterina o el desarrollo de nuevos instrumentos de medición de los signos vitales– se ha podido, por primera vez en la historia de la humanidad, ver, escuchar y observar en directo lo que sucede dentro de ese espacio hasta ahora velado y estrictamente privado que es el útero materno.

En estos trabajos pioneros de investigación y descubrimiento de nuevas técnicas de acercamiento a lo que sucede en el útero materno cabe destacar, sobre todo por el alcance de su trabajo, al científico sueco Lennart Nilsson, uno de los precursores de la fotografía médica. Él fue la primera persona que tomó fotografías de la gestación dentro del útero y de los diferentes estadios de la reproducción humana. Su libro *Ha nacido un niño*, publicado en 1965, contiene imágenes de gran belleza y en él vemos reflejado por primera vez el instante en que el espermatozoide penetra el óvulo, el momento en que el embrión anida en el útero, así como al feto en las diversas fases del proceso de gestación.

Aquí vamos simplemente a dar unas pinceladas que nos ayudarán a comprender un poco más lo que nos sucedió en ese espacio: así fue el comienzo de nuestra vida.

La concepción - El encuentro entre óvulo y espermatozoide

Todos sabemos que estamos en la vida gracias al encuentro sexual entre nuestros padres: después de una fase de excitación, el hombre expulsa una cierta cantidad de semen en el tracto vaginal de la mujer. Pero eso que suele suceder de forma natural, instintiva o incluso de manera impulsiva, esconde grandes dosis de sabiduría, previsión y preparación: para que el encuentro entre la célula sexual masculina y la femenina tenga lugar con éxito, deben suceder muchas cosas.

El espermatozoide

Los espermatozoides en el hombre son cultivados en los conductos seminíferos y tienen un proceso de maduración de aproximadamente dos meses en los que sufren diversas transformaciones. En este proceso la célula original de 46 cromosomas −número igual al resto de las células del cuerpo humano− pasa a tener solamente 23 en un acto visionario de previsión. El espermatozoide maduro tiene una cabeza equipada con casco, donde se encuentra el ADN, una parte central y una larga cola en forma de látigo. En los seres humanos los cromosomas sexuales son dos y tienen forma aproximada de X o Y; entre los cromosomas que lleva en su cabeza, el espermatozoide llevará también uno de estos dos, y según sea X o Y se determinará el sexo del futuro ser, pues el óvulo lleva siempre el cromosoma X.

Nuestro héroe está listo para su tarea. Llegado el momento del encuentro sexual, se produce la eyaculación y el hombre libera en el tracto vaginal de la mujer una cierta cantidad de esperma que puede contener entre 200 a 300 millones de espermatozoides. De estos, solamente de 300 a 500 llegaran a la meta, no sin haber superado antes grandes dificultades. Para empezar, el ambiente vaginal es ácido y solamente gracias a los nutrientes y fluidos alcalinos que también forman parte del semen pueden los espermatozoides sobrevivir; en segundo lugar está el tema de la distancia, y es que un espermatozoide de aproximadamente 60 micras debe recorrer unos 12 cm, lo que equivaldría para nosotros a unos 120 km. Además el camino no siempre está despejado, una vez llegado al cuello del útero hay que atravesarlo y esto solo es posible unos pocos días durante el ciclo femenino; habitualmente el cuello del útero está tapado por el espeso moco cervical, y solo después de una ovulación ese moco es reemplazado por otro transparente y menos espeso que los espermatozoides sí pueden penetrar. Y una vez dentro del útero, tienen que orientarse en ese gran espacio repleto de cavidades y recovecos donde resulta muy fácil perderse.

Un espermatozoide fuerte y rápido que no encuentre grandes obstáculos en su camino puede tardar quizá un par de horas en llegar a las trompas de Falopio, otros que vayan más lentos o tengan más dificultades pueden tardar días en llegar, pero la gran mayoría, tal como indicamos anteriormente, nunca llega.

El óvulo

En la mujer los óvulos empiezan a formarse muy temprano, durante el segundo trimestre de su gestación, cuando aún está en el vientre materno. Aproximadamente al quinto mes ya existe una gran cantidad de ellos en los ovarios del feto femenino; pueden llegar a ser unos cinco millones.

Mucho más tarde, con los cambios que se producen en la pubertad, respondiendo a una señal de la glándula pituitaria y del hipotálamo, los ovarios comienzan a producir hormonas que van a poner en marcha el proceso de maduración de los futuros óvulos. Como parte de este proceso, los óvulos, que en esta fase todavía se llaman ovocitos, van a pasar a tener 23 cromosomas en lugar de los 46 habituales y, de esta manera, cuando se encuentre con el espermatozoide, entre los dos completaran los 46.

Dentro de los ovarios cada mes tiene lugar el siguiente ritual: un grupo de células nodrizas van a cuidar y alimentar a un óvulo, rodeándolo y formando lo que se llama un folículo. Dentro de él, el óvulo en maduración recibe una dieta rica en hormonas que lo transformarán al cabo de dos semanas en un óvulo maduro. Cuando llega este momento, el folículo sube a la superficie del ovario creando una protuberancia que a su debido momento romperá la pared del ovario, y de esta manera el óvulo, rodeado por su manto de células protectoras, queda libre. Aquí las trompas de Falopio están a la espera, para recoger al óvulo liberado. Este, a diferencia del espermatozoide, es una célula que carece de movilidad propia pero, también a diferencia del espermatozoide, cuenta con ayuda, pues las trompas están alfombradas con unos cilios que constantemente están batiendo e impulsándolo hacia el útero.

Habitualmente una mujer sana en edad de concebir libera un óvulo cada mes en uno de sus ovarios, aunque excepcionalmente puede ocurrir que sean dos o tres los que se liberen, dando lugar a mellizos o trillizos.

El encuentro

Y ya nos acercamos al momento para el que nuestros protagonistas han sido creados y minuciosamente preparados. Una vez que el óvulo ha sido expulsado del ovario, comienza su lento descenso hacia el útero por las trompas de Falopio y, si hay suerte, puede ser que se encuentre aquí con los espermatozoides que están subiendo o han subido ya por las trompas. Aunque solo un espermatozoide podrá penetrar el óvulo, todos los que llegan son necesarios, pues son las enzimas que todos ellos llevan en sus cabezas las que harán que la capa de células que recubre al óvulo vaya desapareciendo paulatinamente y su superficie quede finalmente expuesta.

Una vez que el camino está despejado, los espermatozoides que han sobrevivido intentarán penetrar en el óvulo. Cuando uno lo consigue –la cola se desprende y la cabeza se adentra en la célula femenina–, se produce una fuerte reacción química que bloquea el paso de los demás, pues la entrada de otro con su propia carga de cromosomas haría inviable al huevo. Dentro del óvulo las membranas de los núcleos de las dos células se disuelven y los dos núcleos se funden, pero aún tomará unas cuantas horas, hasta doce, que las hélices del ADN de los dos núcleos se acerquen, hagan contacto y finalmente se emparejen. Y es en este momento cuando da comienzo una nueva vida con sus características individuales y únicas.

Primer trimestre - Desarrollo embrionario

Desde la fecundación hasta el momento de la implantación en el útero pueden pasar de 6 a 10 días. Durante este tiempo el cigoto recién formado crece. En los primeros días este crecimiento consiste en que las células simplemente se dividen, multiplicándose, aún de manera indiferenciada. A este primer grupo de células indiferenciadas se le llama mórula.

Al cabo de unos días en esta masa de células se comienza a producir una diferenciación y algunas de ellas migran hacia la periferia creando una esfera con espacio interior en el que ha quedado el otro grupo de células. La parte interna será la que más tarde forme el embrión y la parte externa será la encargada de fijarse al útero, formando la placenta y la membrana exterior o corion. Aquí al nuevo ser se le llama blastocito.

Entre el sexto y el décimo día se produce la implantación en el útero, una tarea muy delicada ya que se cree que solo entre el 20% y el 40% de los óvulos fecundados llega hasta aquí.

En este punto, si la implantación se realiza con éxito, ya podemos empezar a hablar de embrión y a partir de aquí los cambios en este pequeño ser son rapidísimos. A las tres semanas de la concepción ya tiene cabeza y cola y los rudimentos de la espina dorsal. Alrededor del día 25 el corazón empieza a latir –es el primer órgano que funciona en el nuevo ser–, y el sistema nervioso comienza a desarrollarse, el embrión ya dispone de un cerebro primitivo y aparecen pequeñas protuberancias que más tarde se desarrollaran en brazos y piernas.

El segundo mes de la gestación es el momento más intenso del desarrollo embrionario. En él continúa desarrollándose el cerebro y se forman la mayor parte de los órganos y estructuras del embrión: el hígado, los riñones, las glándulas, los dedos de las manos, los músculos, los testículos o los ovarios, y los nervios que crecen hasta conectar cada órgano y músculo con el cerebro. La cola desaparece y se forma la piel mientras que el cartílago que había formado el esqueleto comienza a endurecerse y transformarse en hueso. Al final de este mes el embrión ya tiene cara con ojos, nariz y labios. Las orejas están desarrolladas, también la lengua que ya dispone de papilas gustativas, y aparecen unos dientes incipientes. Ahora mide unos siete centímetros, tiene una apariencia plenamente humana y desde este momento hasta el final de la gestación pasará ya a llamarse feto.

Desde la séptima semana el nonato empezará a moverse, primero con movimientos reflejos que pronto darán paso a otros movimientos precisos y llenos de intencionalidad. Queremos incluir aquí un relato escrito por el Dr. Rockwell, director de anestesiología en el Leonard Hospital de Nueva York, escrito en 1970, sobre una experiencia bien curiosa que tuvo en 1959. El relato esta tomado del libro *Womb Twin Survivors* de Althea Hayton:

"Hace once años, mientras estaba administrando un anestésico para un embarazo ectópico roto (en una gestación de dos meses), me entregaron lo que creo que es el ser humano vivo más pequeño que se haya visto nunca. El saco embrionario estaba intacto y transparente. Dentro del saco había un pequeño hombrecito (aprox. 1 cm) nadando con mucho vigor en el líquido amniótico, mientras seguía

*conectado a la pared por el cordón umbilical. Este minúsculo ser humano estaba perfectamente desarrollado, con los dedos de las manos largos y afilados, pies y dedos de los pies. En lo que se refiere a la piel era casi transparente, y las arterias y venas delicadas eran prominentes en los extremos de los dedos. El bebé tenía mucha vitalidad y nadaba a lo largo del saco alrededor de una vez por segundo, con un estilo de natación natural. Este diminuto ser humano no se parecía en nada a las fotos, dibujos y modelos de los embriones que había visto, ni se parecía a los pocos embriones que he podido observar desde entonces, obviamente porque **éste estaba vivo**. Cuando el saco fue abierto, el diminuto humano perdió su vida de inmediato y tomó la apariencia de lo que se acepta como el aspecto de un embrión a esta edad. Seis meses más tarde, en una conferencia sobre embriología en la Universidad de Harvard, tuve ocasión de preguntar a los cerca de 150 médicos presentes si alguno había sido testigo de un fenómeno como éste. Todos quedaron asombrados y ninguno había visto ni oído hablar de un evento así".*

Segundo trimestre

En el tercer mes el nuevo ser ya tiene todos sus órganos formados y de aquí en adelante solo deberán perfeccionarse. Los miembros superiores casi alcanzan su longitud final relativa aunque los inferiores no están tan desarrollados. El riesgo de aborto disminuye y aumenta la capacidad de resistencia frente a agentes agresores. Su peso es alrededor de treinta gramos.

Durante el cuarto mes los ojos se desplazan hacia la línea media, para tomar su posición final, y los pabellones auriculares ocupan su posición definitiva a los lados de la cabeza. Los miembros inferiores aumentan de longitud, el feto pesa unos cien gramos y sus rasgos son aún más humanos. Se produce un rápido desarrollo de los sistemas orgánicos y los movimientos del bebé ya son percibidos por la madre.

Al quinto mes el feto ya pesa entre 300 y 400 gramos y mide unos 25 centímetros; aparece la primera grasa que hace que sus formas se redondeen. En el sexto mes la medula ósea empieza a fabricar células sanguíneas, despuntan cejas y pestañas, se desarrollan los pulmones, los alvéolos empiezan a sintetizar surfactante –es imprescindible para la dilatación pulmonar– y el aumento de peso es considerable, llegando incluso a los 700 gramos.

Tercer trimestre

Estos últimos meses de la gestación se dedican al perfeccionamiento y maduración de todos los sistemas y también al crecimiento. El tejido adiposo aumenta proporcionalmente, llegando a ser de una octava parte de la masa corporal total en el momento del parto, lo cual le protegerá del frío al momento de nacer. Los ojos se abren y sobre la semana 30 aparece el reflejo pupilar. En el noveno mes el feto se encaja boca abajo con la cabeza sobre la pelvis de su madre. Está listo para salir al mundo.

2

Cómo se forma un embarazo múltiple

Hemos visto cómo es el proceso de la concepción y desarrollo de un embarazo único, pero ¿qué sucede en el caso de los gemelos? ¿Cómo empiezan los embarazos múltiples?

El que se den con mayor o menor frecuencia depende de diversos factores, entre otros una predisposición genética en ciertas familias, la edad de la mujer, y también la alimentación. Por ejemplo, en una parte del África occidental que incluye Benín y Nigeria, se sabe que una raíz local que es de consumo habitual es un gran estimulante hormonal para las mujeres: en consecuencia allí se da el mayor porcentaje de nacimientos múltiples del mundo. El factor racial es importante también: entre las mujeres de raza blanca la incidencia de gemelos es menor que entre las de raza negra, mientras que en las mujeres asiáticas es un fenómeno mucho menos frecuente. Igualmente se sabe que las mujeres que se encuentran al comienzo o al final de su ciclo reproductivo tienen una mayor probabilidad de tener un embarazo gemelar.

En las últimas décadas ha surgido otro factor importante en el mundo occidental, que ha acrecentado en gran medida el número de los embarazos gemelares. Nos referimos a las técnicas de reproducción asistida, sobre todo el proceso *in vitro*, mediante el cual se fecundan varios óvulos de los cuales se implantan habitualmente un par. Esto se hace a sabiendas de que con frecuencia solo uno de los dos óvulos implantados prospera. No obstante, en España, en los últimos veinte años se ha doblado el número de partos gemelares a causa de ello.

El gemelo solitario peter bourquin - carmen cortés

Hay diferentes maneras de empezar la vida acompañado. El tema fecundación in vitro aparte, la diferencia más importante al comienzo de los embarazos gemelares es si empiezan a partir:

* de dos diferentes huevos fecundados – gemelos dicigóticos
* de uno solo – gemelos monocigóticos.

Gemelos dicigóticos

La mayoría de los embarazos gemelares, casi dos tercios, se originan desde diferentes huevos fecundados, lo que sucede cuando una mujer libera dos óvulos en un mismo mes.

Los gemelos dicigóticos, también llamados mellizos, genéticamente son como dos hermanos cualesquiera que comparten solo una parte de su ADN. Pueden ser del mismo sexo o tener sexos distintos.

Los gemelos dicigóticos se originan a partir de dos óvulos diferentes de la mujer que son liberados al mismo tiempo o con unos pocos días de diferencia, y son fecundados cada uno por diferentes espermatozoides. Esta fecundación puede producirse a raíz de un solo intercambio sexual o como fruto de distintos actos sexuales; incluso podrían tener diferentes padres. Habitualmente se produce en el mismo ciclo menstrual aunque también se ha dado algún caso, excepcionalmente raro, de gemelos dicigóticos que han sido concebidos en meses diferentes.

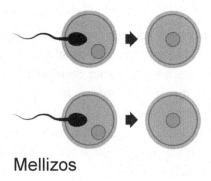

Mellizos

Así pues, los gemelos dicigóticos empiezan su gestación de forma separada y en momentos distintos. Cada uno de ellos tiene su propia placenta, su corion (la bolsa exterior) y su amnios (la bolsa interior). A veces las placentas pueden llegar a fusionarse si el lugar de la implantación en el útero está próximo pero, aún así, después del nacimiento pueden separarse con facilidad pues son dos placentas diferenciadas.

Gemelos monocigóticos

Los gemelos monocigóticos, también llamados gemelos idénticos, se forman a partir de un solo óvulo fecundado que se divide por sí mismo. Aproximadamente un tercio de los gemelos tiene este origen.

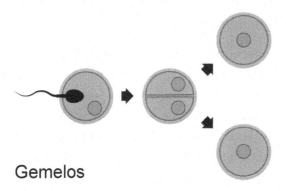

Gemelos

Esta división puede tener lugar únicamente dentro de las dos primeras semanas después de la concepción y el momento en que ocurra es muy importante por las consecuencias que tendrá en la gestación. ¿Cuáles son las diferencias causadas por el momento de la división?

• División en la mórula, días 1 a 4:

En los primeros días después de la fecundación, el cigoto se desarrolla en una masa de células llamada mórula, células todavía indiferenciadas. Si la división ocurre en este momento, los gemelos tendrán cada uno su

27

placenta, su propio saco amniótico y su corion, aunque las placentas pueden juntarse si el lugar de implante de uno y otro en la pared uterina esta próximo.

• División en el blastocito, días 4 a 8:

Al cuarto día el cigoto se ha convertido en blastocito. Aquí empieza a haber una diferenciación de las células: la parte externa del blastocito dará lugar a la placenta mientras que la parte interna formara el cuerpo del feto. Si la división del huevo ocurre ahora, entre el cuarto y octavo día, los gemelos compartirán placenta y corion, pero tendrán cada uno su propio saco amniótico.

• División entre los días 8 a 13:

Si la división se produce más tarde, entre el octavo y el treceavo día, los gemelos tendrán un solo corion y un solo amnios con una sola placenta. Esta situación es la que más complicaciones puede traer a lo largo de la gestación. Aquí se puede dar lo que se llama el síndrome de transfusión gemelo a gemelo, en el cual la sangre de un gemelo pasa al otro porque se ha creado un circuito sanguíneo entre ellos que hace que un gemelo quede con poca sangre y el otro con demasiada; esto afecta a la salud de ambos e incluso puede causar su muerte. También es posible en estas circunstancias que los cordones umbilicales de los dos fetos se enreden sobremanera, lo cual puede traer complicaciones durante el parto. Sin embargo es la situación menos frecuente pues solamente el 1% de los gemelos monocigóticos se encuentra en este grupo.

Cuanto más tarde se produzca la división, más compartirán los gemelos y así, si la división se produce todavía más tarde, entre el treceavo y el quinceavo día, puede dar lugar a los llamados 'gemelos siameses', es decir gemelos que no llegan a separarse del todo y comparten algún órgano o parte del cuerpo.

Otros embarazos múltiples: trillizos y cuatrillizos

Los **trillizos** pueden originarse de diferentes maneras:

- A partir de tres óvulos diferentes, fecundados cada uno por un espermatozoide, de lo que resultan hermanos que, como los gemelos dicigóticos, solo comparten una parte de su ADN.
- A partir de un óvulo que se divide una vez fecundado (un par de gemelos monocigóticos) más otro óvulo independiente fecundado aproximadamente en el mismo tiempo.
- A partir de un solo óvulo fecundado que se divide en dos y después uno de estos dos vuelve a dividirse, resultando en trillizos idénticos.

Los **cuatrillizos** se pueden originar así:

- A partir de dos óvulos fecundados en el mismo momento y que se van a dividir cada uno de ellos después, dando lugar a dos pares de gemelos monocigóticos.
- A partir de un par de gemelos monocigóticos más otros dos óvulos fecundados de forma independiente aproximadamente en el mismo tiempo.
- A partir de un solo óvulo fecundado que pasa dos veces por el proceso de dividirse, dando lugar a cuatrillizos idénticos.
- A partir de trillizos provenientes de un solo óvulo más otro óvulo fecundado independientemente.
- A partir de cuatro óvulos diferentes fecundados de manera independiente, como ocurrió en algunas ocasiones al comienzo del uso de la fertilización in vitro, momento en que eran implantados un mayor número de óvulos fecundados.

3
El gemelo evanescente

Hasta aquí hemos visto los inicios y el desarrollo del embarazo único y de los gemelares. Ahora vamos a entrar en el tema específico del libro, qué ocurre cuando se pierden uno o varios de los nonatos en camino.

Lamentablemente no todos los embarazos gemelares o múltiples acaban en un parto de gemelos. Esto se puso de manifiesto a partir de los años 70 del pasado siglo con la utilización de las técnicas de ultrasonido dentro del campo de la obstetricia, lo cual supuso una auténtica revolución. Su empleo ha hecho posible tener acceso al útero materno de una forma que antes resultaba impensable y eso se ha traducido en un conocimiento y comprensión mucho mayor de lo que sucede en la vida intrauterina. ¡Y todavía seguimos aprendiendo!

Fue a finales de los años 70 cuando el Dr. Levi realizó el primer estudio de cierto alcance con más de 6.600 embarazadas. Pudo constatar, gracias a las ecografías realizadas antes de las 10 semanas de embarazo, que en ese momento se encontraban muchos más embarazos gemelares de los que había en el momento del parto. En concreto, el 71% de los embarazos gemelares detectados inicialmente acababa con el parto de un bebé único.

Algo más tarde, en 1980, en el Tercer Congreso Internacional de Estudios sobre Gemelos, se formuló por primera vez el término 'gemelo evanescente' y se le dio este nombre porque aunque al comienzo de los embarazos gemelares se puede observar con frecuencia la existencia de dos sacos gestacionales, en un gran número de embarazos, algún tiempo después, uno de ellos desaparece sin dejar rastro físico en una ecografía posterior. El embarazo continúa como un embarazo único y el parto es de un solo bebé.

En la década de los 90 se realizaron varios estudios sobre la frecuencia de este fenómeno y el más concluyente lo realizó Charles Boklage, biólogo y genetista de la universidad de East Carolina en los Estados Unidos. El resultado de su investigación fue que más del 12% de todas las concepciones naturales son múltiples. De éstas, más del 76% se pierden completamente antes del nacimiento, alrededor del 22% nacen como bebes únicos y el 2% nacen vivos como una pareja de gemelos.

Cuando los investigadores se dieron cuenta de este hecho y la frecuencia con la que ocurría, inmediatamente surgió la pregunta: ¿cómo es posible que un feto desaparezca sin dejar rastro?

Pues bien, la gran mayoría de las pérdidas ocurren durante el primer trimestre de embarazo y, cuando esto sucede, lo más probable es que el pequeño feto o el embrión sea reabsorbido por la placenta o el útero, desapareciendo sin dejar rastro. Quizás pueda quedar alguna señal en la placenta, que podría ser anormalmente gruesa o presentar algún nódulo, pero es fácil que estos indicios pasen desapercibidos; solo una ecografía temprana anterior a la novena semana podría mostrar la existencia de dos sacos gestacionales, con lo que quedaría demostrado que se trataba de un embarazo de gemelos. Una ecografía a los tres meses resulta tardía porque mostraría ya un único embrión.

Si la muerte del feto ocurre en algún momento posterior durante el embarazo, a partir del cuarto o quinto mes, lo que puede suceder es que el agua del cuerpo del feto sea reabsorbida por el cuerpo de la madre y el feto se convierta en lo que se ha llamado *fetus papyraceus*, esto es, un feto momificado y generalmente aplastado a causa de la compresión mecánica que recibe dentro del útero. Este tipo de fetos generalmente emerge durante el parto del gemelo superviviente pero, en cualquier caso, se trata de los menos frecuentes. En la gran mayoría de los casos el feto o el embrión se pierde durante el primer trimestre de la gestación y es reabsorbido por el organismo materno, dejando ninguno o muy pocos rastros visibles que, si no se buscan intencionadamente, pueden pasar completamente desapercibidos.

El cuerpo de la mujer está hecho para sostener en óptimas condiciones un embarazo individual. Si miramos todo lo que tiene que salir bien para que se produzca un embarazo y para que llegue a buen término, casi resulta un milagro ver con cuánta frecuencia sucede. Y claro está, en el caso de los embarazos múltiples la cosa se complica todavía más porque, cuando hay más de un bebé, pueden surgir muchas más dificultades a lo largo de todo el proceso. Así, el dato bien conocido y confirmado desde finales de los años 70 de que muchos embarazos que empiezan como gemelares acaban con el nacimiento de un bebé único podría tener su explicación en que la propia naturaleza sacrifica el desarrollo de un feto para asegurar la supervivencia del otro.

Resumiendo, podríamos decir que por cada pareja de gemelos vivos hay por lo menos diez personas que empezaron su gestación como gemelos y que perdieron a su hermano durante el embarazo. Si tenemos en cuenta que la frecuencia de los partos múltiples en España a principios de los años 90 era de alrededor del 1%, podemos deducir que el número de gemelos solitarios ronda el 10% de la población. Desde entonces, el número de partos de gemelos casi se ha doblado a causa de la fertilización asistida, lo que indudablemente conlleva un aumento considerable de gemelos solitarios.

4

Indicios biológicos
de un embarazo gemelar

Aunque, como ya hemos indicado, en la gran mayoría de casos apenas quedan rastros fisiológicos tras la muerte de un gemelo, sí que hay indicios que apuntan a la existencia de uno o más gemelos que habrían desaparecido en algún momento de la gestación. He aquí un listado de los que creemos más significativos.

Indicios durante el embarazo

- Embarazo conseguido mediante fertilización asistida in vitro. Al utilizar este método siempre se fecundan varios óvulos y se implantan por lo menos un par de ellos.
- Sangrado durante los primeros meses de gestación. Aunque no todos los sangrados están relacionados con la pérdida de un feto, indica una alta probabilidad de que esto haya sucedido.
- Sospecha por parte de un doctor, enfermera o tercero de embarazo gemelar.
- Tamaño uterino superior a la edad gestacional en el primer trimestre.
- Aborto espontáneo o provocado, o bien sospecha de aborto, y aún así que el embarazo continúe. En este caso uno de los dos se pierde mientras que el otro continúa su gestación.

Indicios durante el parto

- Aparición de una placenta inusualmente alargada o gruesa, o que presente marcas, nódulos o lesiones.
- Aparición de dos placentas, sacos amnióticos, membranas o cordones.
- Hallazgo de otro embrión o sus restos.
- Hallazgo de un fetus papyraceus.

Indicios en el cuerpo del gemelo superviviente:

- Teratoma. Los teratomas son quistes encapsulados benignos que generalmente contienen restos de tejido, pelo o uñas en su interior. Tienen su origen en células madre que circulaban en el circuito sanguíneo del embrión y apuntan a un embarazo gemelar.
- Quiste ovárico dermoide. Al igual que los teratomas, son mucho más frecuentes en personas en cuyas familias hay gemelos.
- Órganos duplicados o supernumerarios. Aunque no es la única causa posible, apunta con bastante probabilidad a un embarazo gemelar.
- Órganos espejo. Hay personas que tienen lateralidad inversa, es decir que sus órganos están colocados en el lado opuesto a lo habitual. Esto solamente puede suceder dentro de una pareja de gemelos.
- Quimerismo. Este es un trastorno genético por el cual se encuentran diferentes materiales genéticos, es decir diferentes ADN, en una misma persona. Es un fenómeno raro, sin embargo parece que su origen estaría en un embarazo gemelar.
- Fetus in fetu. Esta es una malformación prenatal por la que el cuerpo del gemelo queda enquistado y sigue viviendo y creciendo dentro del cuerpo del hermano. En realidad no se trata de un cuerpo completo sino de un fragmento del cuerpo que no posee cerebro y solo puede sobrevivir como un parásito dentro del cuerpo del hermano. Es un fenómeno extremadamente raro, del cual se han documentado unos cien casos en la literatura médica a lo largo de los últimos siglos. Se calcula que sucede en uno de cada 500.000 nacimientos.

Somos conscientes de que los últimos tres casos son extremadamente raros pero los mencionamos de todos modos porque alguna vez aparecen en la prensa debido a su espectacularidad.

También ha sido fuente de especulación por parte de diversos autores si el hecho de ser zurdo podría ser un indicio de gemelo solitario. Nuestra experiencia no confirma esta suposición. La gran mayoría de los participantes en nuestros cursos monográficos exclusivos para gemelos solitarios son diestros. Y, por supuesto, también nos hemos encontrado con cierta frecuencia con personas zurdas que no son gemelos solitarios. Lo que sí nos gustaría compartir en esta línea es una observación que se nos ha ido repitiendo a lo largo de los años, y es que en los pocos casos en que nos hemos encontrado con personas ambidiestras, resultó que siempre fueron gemelos solitarios. Y aunque el número de personas no es suficientemente indicativo como para convertirlo en una conclusión, sí queremos mencionarlo aquí y quién sabe si en algún estudio científico en el futuro podría corroborarse este dato.

5

La vida en el útero

Nuestro conocimiento de lo que ocurre dentro del útero ha aumentado drásticamente en las últimas décadas gracias al desarrollo de la embriología y el empleo de diferentes técnicas como las ecografías y los nuevos instrumentos de medición de los signos vitales. Hace relativamente poco tiempo, quizá 50 años, la comprensión que se tenía de la experiencia fetal era muy reducida: se creía que el feto apenas sentía, que los fetos en el útero estaban en una especie de limbo sin conciencia y que la vida empezaba básicamente en el momento del nacimiento como partiendo de una página en blanco. Hoy podemos darnos cuenta de hasta qué punto esta noción de la vida intrauterina está alejada de la realidad. Lo cierto es que, a la luz de los nuevos conocimientos sobre lo que sucede en esta etapa, nos estamos dando cuenta no solo de que los fetos y los pequeños embriones tienen una vida mucho más intensa y variada de lo que se pensaba hasta hace poco, sino que lo experimentado durante esta primera etapa tiene un efecto profundo y duradero en nosotros.

Vamos a explorar a continuación diferentes ámbitos de esta experiencia, como son los sentidos, las emociones y el comportamiento del nonato.

Sentidos

El **tacto** es uno de los primeros sentidos que se desarrollan en el nonato. La piel es con mucha diferencia el órgano sensorial más grande del cuerpo, repleto de gran variedad de terminaciones nerviosas. Comienza a formarse hacia la quinta semana de gestación y a partir de ahí la sensibilidad al tacto se desarrolla rápidamente. En fetos de siete semanas se han observado reacciones como abrir la boca en respuesta a un ligero contacto en la misma. La sensibilidad se expande, sobre todo a las zonas de las plantas de los pies, los genitales y las palmas de las manos. A partir da la décima semana se han observado reacciones al contacto o a caricias sobre estas partes del cuerpo. Igualmente se ha podido comprobar que los fetos reaccionan al dolor cuando una aguja entra al útero y roza su piel; también las manos del feto se han desarrollado de tal manera que pueden activamente 'coger' algo, el cordón umbilical, por ejemplo.

El **gusto** se desarrolla a partir de la octava semana de gestación. En ese momento ya se pueden apreciar los primeros signos de las papilas gustativas que hacia la semana doce están totalmente formadas. A partir de las trece semanas el feto ya traga pequeños sorbos de líquido amniótico y, puesto que su sabor depende en gran medida de la dieta de la madre, se ha podido experimentar y comprobar que al introducir sabores amargos, los bebés reducen drásticamente la ingestión mientras que al introducir sabores dulces, los bebés duplican la ingestión. También se ha visto que alrededor de las trece semanas los fetos comienzan a chuparse el dedo, y ¡les gusta!, pues llegan a pasar largos ratos haciéndolo hasta el punto de producir un callo claramente visible en el momento del nacimiento.

El **olfato** se desarrolla paralelamente al gusto; hacia la semana trece las estructuras nasales se encuentran prácticamente formadas y en ellas encontramos una pequeña zona sensible. Y aunque hasta hace poco se creía que este sentido no tenía relevancia en el útero, al ser este un medio liquido, ahora se sabe que los fetos pueden distinguir variedad de sustancias por el olor. En un reciente experimento con recién nacidos se ha visto que pueden reconocer el olor de su líquido amniótico. Este experimento consistía en colocar un paño impregnado con el líquido amniótico cerca de sus fosas nasales y esto tenía claramente un efecto tranquilizante para los bebés, que lloraban mucho menos que los que no lo tenían. También se ha visto que los recién nacidos reconocen con facilidad el olor de su madre y que esto les es de gran ayuda a la hora de coger el pecho.

El **oído** empieza a formarse muy pronto y un mes después de la fecundación pueden ya distinguirse los primeros signos de las orejas. De entre nuestros órganos sensoriales, el oído es seguramente el que posee una de las estructuras más complejas y es el primero que queda completamente formado durante la gestación. Se cree que alrededor de la semana catorce el nonato ya puede oír razonablemente bien, aunque las estructuras del oído continuaran perfeccionándose hasta el final del embarazo. El oído es quizá el sentido más importante para relacionarse con el mundo exterior durante la gestación. Se sabe que los fetos pueden distinguir claramente la voz de su madre, también la de su padre, pueden oír música e incluso expresar sus preferencias musicales (Mozart tiene mucha más aceptación que Beethoven o la música rock).

La **vista** es el sentido que se desarrolla en último lugar. Hasta el séptimo mes los párpados permanecen cerrados pero, aun así, el feto puede percibir luz y oscuridad a través de los párpados a partir de la semana catorce. Nonatos de esta edad reaccionan frunciendo el entrecejo o poniéndose una mano sobre los ojos ante una luz intensa. También se ha observado a fetos de catorce semanas apartarse rápidamente de una aguja de punción de la amniocentesis sin que la aguja les hubiera tocado, ¿cómo han podido 'verla'?

Emociones

Las emociones no son algo que podamos 'ver' directamente, pero sí podemos inferirlas a partir del lenguaje corporal, de las expresiones faciales y de ciertas reacciones fisiológicas. Hasta hace poco el mundo intrauterino estaba más allá del alcance de nuestras miradas pero ya no es así; ahora podemos observar con gran detalle mucho de lo que sucede en ese espacio y, a través de los movimientos y las expresiones del rostro de los nonatos, podemos interpretar lo que sucede en su mundo emocional.

Los movimientos en los embriones comienzan en la cuarta o quinta semana después de la concepción. Y lo que durante unas décadas se pensó que eran simples movimientos reflejos, al observarlos con mayor precisión se ha podido apreciar tal variedad y riqueza de movimientos acompañados de expresiones faciales que hacen suponer que los movimientos intencionados comienzan mucho antes de lo que se pensaba. Para dar un ejemplo, se ha podido ver a embriones de ocho semanas estirándose de la misma manera en que lo haría un adulto, echando la cabeza hacia atrás y después estirando el torso y los brazos, todo ello acompañado de un prolongado bostezo. A partir de la sexta o séptima semana ya son capaces de todo un repertorio de gestos como bostezar, fruncir el entrecejo, movimientos oculares, llevarse las manos a la boca, abrir y cerrar la boca, tragar, etc., todo ello hecho de forma tan precisa y diferenciada que no deja lugar a dudas de que son movimientos espontáneos y no simples reflejos.

Recientemente se ha descubierto también que los nonatos sueñan y lo hacen relativamente pronto. Se han observado los movimientos oculares que acompañan la fase de sueño REM hacia la semana veintiuna de gestación. Y acompañando a los sueños, los nonatos realizan toda una serie de movimientos sumamente expresivos, por ejemplo retorcer el torso, los brazos y las piernas con movimientos bruscos, mientras fruncen el entrecejo, los labios, hace muecas, etc. Todo ello sugeriría un mal sueño. En otras ocasiones, sin embargo, el bebé sonríe y realiza movimientos lentos y suaves mientras sueña, y eso lo relacionaríamos con sueños agradables.

Una de las situaciones que provoca una mayor reacción emocional en los nonatos es la punción de la prueba de la amniocentesis. Esta punción se realiza a partir de la semana quince con el fin de extraer un poco del líquido amniótico para analizarlo con vistas a detectar posibles defectos genéticos. Para ello se introduce una aguja en la cavidad uterina. Las reacciones que este hecho produce en los nonatos son variadas pero resulta claro que a ningún bebé le gusta que una aguja penetre en su espacio. Algunos reaccionan alejándose todo lo posible y permaneciendo inmóviles, a veces durante días después de la prueba; los movimientos respiratorios que en esta etapa ya ocupan mucho del tiempo de ejercicio del nonato, se ven drásticamente reducidos y la frecuencia cardiaca también se eleva o disminuye notablemente. Todo esto nos habla de miedo y de estado de shock.

Otros bebés reaccionan de manera completamente distinta a esta prueba, parecen enfadarse y, por ejemplo, golpean con fuerza la aguja; incluso se sabe de algún caso en que el bebé ha llegado a coger fuertemente la aguja con su mano, con gran susto y asombro de los médicos involucrados.

Comportamiento

El ejemplo anterior es una buena muestra de lo diferentes que pueden ser los comportamientos de los bebés en el útero, comportamientos que nos hablan de reacciones únicas e individuales ante estímulos recibidos. De hecho, la gran riqueza de observaciones que nos permiten las actuales técnicas de ultrasonido confirman lo que las madres han sabido desde siempre, que cada bebé tiene un comportamiento individual y desarrolla su propia respuesta al entorno y a los estímulos que se presentan en él. Así, el ritmo de actividad y descanso, de ejercicio y de sueño es diferente para cada uno. Hay un caso en la literatura médica en que se observó a un bebé pasar, durante la última mitad de la gestación, la mayor parte del tiempo con la cabeza apoyada sobre la placenta, ¡mucho tiempo de descanso! A otros, sin embargo se les puede ver dedicando mucho tiempo al ejercicio, a la exploración, al juego. La forma y medida de autorregulación parece ser diferente para cada uno.

Y en este capítulo merece una mención aparte la observación que se ha realizado del comportamiento de los gemelos en el útero. A partir de la séptima semana después de la concepción se observan los primeros toques y reacciones entre ellos: breves contactos hacia una extremidad, el torso, la cabeza y la cara, que rápidamente y con la práctica se vuelven más precisos y más prolongados. A partir de aquí los contactos y las interacciones se vuelven cada vez más complejos y pocas semanas después ya se hacen caricias, se dan abrazos, golpes, empujones... ¡y besos!

La doctora italiana Alessandra Piontelli ha contribuido de forma muy significativa a la investigación en este ámbito. En su libro *Gemelos; del feto al niño*, y en otros de sus trabajos describe en detalle muchas de sus observaciones a lo largo de años de estudio de gemelos interactuando en el útero. Explica, por ejemplo, que hacia el cuarto mes de gestación, un par de gemelos fueron observados repetidamente con frecuentes interacciones; uno de ellos era claramente más agresivo y el otro, más sumiso. Cuando el gemelo dominante empujaba o daba golpes, el otro se retiraba y apoyaba su cabeza sobre la placenta, como si estuviera buscando un lugar seguro y confortable. Después del nacimiento, cuando estos gemelos tenían alrededor de cuatro años, seguían teniendo intercambios parecidos. Cuando se peleaban o había tensión entre ellos, el más pasivo se retiraba a su habitación y colocaba la cabeza sobre la almohada.

Otro ejemplo curioso que nos proporciona es sobre los gemelos Lucas y Alicia: el hermano, más activo, era el que frecuentemente buscaba el contacto con su hermana, se acercaba a ella, tocándole suavemente en la cara con la mano; después los dos se colocaban mejilla con mejilla, acariciándose suavemente a través de la extremadamente fina y flexible membrana del corion. Más adelante, ya con más de un año de edad, jugaban de la misma manera, colocándose cada uno a un lado de la cortina y dejando que sus mejillas se acariciaran a través de ella, como si del corion se tratara.

Hemos visto como durante el embarazo el nonato desarrolla sus sentidos y como gracias a ellos percibe su entorno al cual reacciona, sintiendo y expresando emociones y un comportamiento que es claramente espontaneo e individualmente distinto. A continuación vamos a explorar si es tan inconsciente como se creía o, por el contrario, es un ser consciente y con capacidades sorprendentes desde el comienzo de la vida misma.

6

Inteligencia y consciencia del bebé nonato

Para aproximarnos al nonato como ser inteligente vamos a contemplar su capacidad de aprender, algo que solamente puede ocurrir cuando existe una inteligencia y una consciencia que lo hagan posible. Hasta hace pocos años el pensamiento de que los fetos o embriones pudieran realizar cualquier tipo de aprendizaje en el útero hubiera parecido extraño, como poco, y seguramente a muchos les hubiera sonado a desvarío. Sin embargo hoy cada vez somos más conscientes de que los nonatos están inmersos en un proceso de aprendizaje desde momentos tempranos de la gestación. Y para hablar de aprendizaje, tenemos que hablar necesariamente del cerebro; veamos, pues, brevemente, cómo y cuándo este empieza a funcionar en el nonato.

El desarrollo del cerebro

A partir de la tercera semana después de la concepción aparecen las partes básicas de la médula espinal y el cerebro. En la sexta semana ya se puede detectar actividad eléctrica mesurable; las neuronas se multiplican rápidamente y alcanzan aproximadamente los cien mil millones al final de la gestación. Tienen una forma muy característica, parecida a un árbol, con un largo tallo, llamado axón, y ramificaciones, llamadas dendritas. Las ramas se extienden hacia las células vecinas estableciendo puntos de enlace, las sinapsis. Esta comunicación entre neuronas entre sí o entre neuronas y otro tipo de células, como por ejemplo las musculares, se realiza gracias a la intervención de una gran cantidad de sustancias que se denominan neurotransmisores y que se almacenan en unos botoncitos de las neuronas. Cada neurona puede tener más de cincuenta mil neurotransmisores. Aunque este sistema es extremadamente complejo, funciona con gran rapidez y eficacia. Las señales se transmiten a través de la red nerviosa casi inmediatamente y llegan a los músculos, órganos y demás partes del cuerpo en el momento oportuno.

Pues bien, antes se dudaba de que estas terminaciones nerviosas funcionaran eficazmente en el embrión y en el feto, debido principalmente a que el proceso de mielinización, mediante el cual las células se recubren de una capa grasa aislante y protectora, no llega a completarse durante la gestación; se creía que este era un requisito imprescindible para la transmisión de información entre las neuronas. Sin embargo, en los últimos años se está viendo que, en la práctica, este proceso de mielinización sucede de forma gradual y también irregular a lo largo del sistema nervioso y no queda totalmente completado hasta la pubertad, mucho después de que el cerebro y el sistema nervioso hayan adquirido un avanzado desarrollo. Por tanto parece que no es tan importante como se creía para la transmisión de información en el sistema.

Por otro lado, hoy en día nuestro concepto del cerebro y de su funcionamiento se está expandiendo. El neurocirujano australiano Richard Bergland define el cerebro como una gran glándula, que segrega hormonas, recibe hormonas que se producen en otras partes del cuerpo, y esta bañado en hormonas; de aquí el concepto de cerebro 'fluido'. También son reveladoras las investigaciones de Candace Pert sobre los neuropéptidos, cadenas de aminoácidos producidos directamente por las células nerviosas y que funcionan como moléculas que transmiten información por las distintas partes del cuerpo. Ambas investigaciones apuntan hacia una comprensión expandida del procesamiento de la información, más allá de las neuronas y sus sinapsis hacia los sitios receptores de neuropéptidos que se encuentran por todo el organismo. En palabras de la misma Candace Pert: "No puedo separar el cerebro del cuerpo". El cerebro es mucho más que las neuronas, de tal forma que la inteligencia, los recuerdos y las emociones tienen lugar en el cerebro y en todo el cuerpo. Asimismo Pert y sus colaboradores han encontrado en el tronco encefálico del nonato espesos grupos de receptores de neuropéptidos, en tal cantidad que les han hecho suponer que en realidad el tronco encefálico forma parte del sistema límbico, la parte del cerebro que sobre todo se ocupa de las emociones y la memoria. Y como esta es una de las partes del cerebro que primero se forma en el embrión, este descubrimiento aporta nuevas explicaciones sobre la existencia de la memoria al comienzo de la gestación.

Aprendizaje

Además de los recientes descubrimientos sobre el cerebro y su funcionamiento, en las décadas pasadas se han realizado gran cantidad de investigaciones sobre la capacidad de aprendizaje de los bebés nonatos que han dado resultados sorprendentes.

Entre ellos cabe destacar las investigaciones llevadas a cabo por Peter Hepper, de la Universidad de Queens en Belfast. Durante muchos años se ha dedicado al estudio del desarrollo temprano del aprendizaje y sus conclusiones son que los nonatos realizan muchos y variados aprendizajes en el útero materno. Según sus observaciones los bebés pueden aprender de diferentes maneras, entre ellas mediante el descubrimiento, la habituación y el condicionamiento.

Aprender del descubrimiento es aprender de los sucesos o estímulos casuales con los que se encuentra el feto. Por ejemplo, en su exploración de su entorno en el útero, va a descubrir e interactuar con el cordón umbilical, también con la placenta, con el saco vitelino y con la misma pared uterina, y a través de estos encuentros va a aprender cuáles son los límites de su espacio.

El aprendizaje mediante la habituación implica el reconocimiento de algo ya experimentado anteriormente. Cuando un estímulo se recibe por primera vez, provoca una reacción intensa de atención o interés. Después de varias veces esta reacción disminuye hasta que, al cabo de un cierto número de veces, no provoca reacción ninguna. En experimentos con nonatos se ha podido observar cómo un estímulo fuerte, digamos un sonido alto, al ser repetido obtiene cada vez menos reacción por parte del bebé, hasta llegar al momento de la habituación. Este es un proceso adaptativo y una señal de inteligencia, pues en este mundo lleno de estímulos en que vivimos no podríamos sobrevivir sin filtrar aquellos que merecen nuestra atención y los que no.

El aprendizaje mediante el condicionamiento tiene que ver con la manera como la mente encuentra relaciones entre sucesos mientras que se construye la imagen de la realidad. El premio nobel Iván Pávlov con sus investigaciones sobre el reflejo condicionado a finales del siglo XIX fue quizá el primero en llamar la atención sobre estas dinámicas. En relación con los nonatos hubo un experimento que se realizó a fines de la década de los 40 en EEUU. En él, David Spelt enseñó a bebés que se encontraban en el séptimo mes de gestación a responder a un sonido y a la sensación de un vibrador; se emitía un fuerte ruido golpeando una caja de tal forma que provocaba un cambio de posición del feto en el útero y al mismo tiempo se aplicaba un vibrador en el vientre de la madre. Después de recibir de forma asociada estos estímulos unas cuantas veces, finalmente el feto aprendió a cambiar de posición solamente al sentir el vibrador.

También son muy interesantes los experimentos realizados con música y con el lenguaje. Thomas Verny, en su libro *La vida secreta del niño antes de nacer*, cuenta la historia de Boris Brott, director de orquesta en Ontario, quién, cuando era joven, se dio cuenta de que había ciertas piezas musicales que podía tocar sin haberlas estudiado y sin conocerlas. Sabía las notas que iban a venir antes de pasar la página de la partitura. Descubrió que su madre, violonchelista profesional, había practicado esas piezas una y otra vez mientras estaba embarazada de él.

El psicólogo y profesor norteamericano David Chamberlain, quien desde los años 70 se ha dedicado a la investigación y comprensión de la experiencia de la vida intrauterina, es uno de los pioneros de la psicología pre y perinatal. En su libro *La mente del bebé recién nacido* relata un experimento realizado por los psicólogos Anthony De-Casper y Melanie Spence en la Universidad de Carolina del Norte. Pidieron a un grupo de mujeres embarazadas que leyeran a sus hijos un cuento particular durante las últimas seis semanas de la gestación dos veces al día. Algunos días después de nacer se les dio a los bebés la oportunidad de escuchar dos cuentos, el que habían estado escuchando todo el tiempo y uno nuevo desconocido. Les pusieron audífonos y les ofrecieron una tetina especial que les permitía cambiar el cuento que escuchaban si succionaban más deprisa o más despacio. De los doce recién nacidos, diez cambiaron el ritmo de succión para escuchar el cuento que les era familiar. Esto sugiere que obviamente se acordaban de él, lo reconocían, lo distinguían del otro y lo preferían.

En otro de sus libros, *Windows to the womb*, Chamberlain relata el caso contado por el profesor croata de lingüística Zrinka Babic, de una niña croata que a los siete meses de edad pronunció cinco palabras claramente. Cuatro eran en croata y la quinta era la palabra inglesa box. Esta palabra fue pronunciada de forma extremadamente clara y con acento americano. Pensando en cómo había sido posible que una de las primeras palabras pronunciadas por su hija fuera en inglés, la madre llegó a encontrar la explicación. Durante su embarazo, entre los meses seis y ocho, había trabajado como profesora particular de inglés de un niño con un leve retardo. En el curso de sus sesiones ella repetía las mismas palabras una y otra vez: *"This is a box. A box. Is this a box? Yes, this is a box"*. ¡La niña en el vientre de su madre asistió a las mismas clases de inglés que el niño al que su madre atendía!

Otros tipos de memoria

Al hablar de aprendizaje estamos hablando de memoria. Para que se produzca cualquier aprendizaje tiene que haber una memoria que lo haga posible, pues aprendemos de la experiencia en la medida en que esta es registrada. Hasta aquí hemos estado hablando de la memoria que es registrada y almacenada por el cerebro y el sistema nervioso. Pero no es la única memoria de que disponemos ni es la única memoria de que dispone el embrión y el feto.

Existe otro tipo de memoria que podemos llamar memoria celular. La teoría de los sistemas vivos, desarrollada a finales de los años 70 por el biólogo norteamericano y pionero de la 'ciencia de sistemas' James G. Miller, postula que toda célula viva posee memoria como uno de sus medios de procesar información. Recientemente hemos tenido conocimiento de las investigaciones realizadas por el doctor Paul Pearsall, medico e investigador norteamericano, que parecen verificar lo que Miller apuntó. El Dr. Pearsall estudió los cambios producidos en personas que fueron sometidas a trasplante de algún órgano, sobre todo de corazón. En sus observaciones de abundantes casos, se encontró con que no era extraño que la persona que había recibido el trasplante al poco tiempo empezara a sufrir cambios en sus gustos, por ejemplo con los alimentos, o en sus gustos musicales; también en sus actitudes y carácter, por ejemplo de ser una persona tranquila podía desarrollar un genio vivo y enfadarse con facilidad. Lo interesante de su estudio es que constató que estos cambios coincidían con la personalidad o los gustos del donante del órgano que le había sido trasplantado. En sus palabras: "De acuerdo con el estudio de pacientes que han recibido órganos trasplantados, particularmente corazones, no es raro encontrar que recuerdos, comportamientos, preferencias y hábitos asociados con el donante sean transferidos al receptor".

Estos descubrimientos corroboran la existencia de una memoria celular independiente del cerebro y del sistema nervioso.

Aquí nos parece oportuno citar al Dr. Laing, psiquiatra inglés que a finales de los años 70 escribió en su libro *Los hechos de la vida*: "*El entorno queda registrado desde el mismo comienzo de mi vida; por esa primera única célula de mí. Lo que ocurra a ese primer yo puede reverberar a través de todas las generaciones subsecuentes de nuestras células progenitoras. Ese primer yo lleva todas mis memorias genéticas. Me parece por lo menos*

plausible que toda nuestra experiencia en nuestro ciclo vital desde la prime-
ra célula sea absorbido y almacenado desde el principio, quizá especial-
mente al principio". El Dr. Laing y el Dr. F. Lake encabezaron una escuela
de psiquiatras ingleses quienes ya en los años 70 se dieron cuenta de la
importancia de lo sucedido en la etapa prenatal. Ellos afirmaron que los
recuerdos prenatales son los que más influencia tienen, justo porque son
los primeros. Lake afirmó que las experiencias más formativas son aquellas
que ocurren en la etapa prenatal, especialmente durante el primer trimestre.

También queremos mencionar otro tipo de memoria, que es la memoria
extracorporal. De ella sabemos todavía muy poco pero desde hace décadas se ha atestiguado con frecuencia, existiendo numerosos testimonios.
Ejemplos de esta memoria los encontramos en personas que han pasado
por una experiencia de muerte clínica y que fueron reanimados y vueltos a
la vida. Existen abundantes informes de personas que, en esta circunstan-
cia, después de estar clínicamente muertos –es decir sin ninguna actividad
cerebral mensurable– pudieron relatar experiencias parecidas: se veían
fuera de su cuerpo, mirando desde arriba la escena de la habitación del
hospital. Podían ver los intentos de reanimación de los médicos y también
a sus familiares y seres queridos y sus reacciones. Todo esto sin tener relación con su cuerpo, sin ninguna sensación física. Al volver a la vida podían
describir con todo lujo de detalles lo ocurrido.

El Dr. Verny escribió en *La vida secreta del niño antes de nacer*: *"Las prue-*
bas sobre un tipo de sistema de memoria extraneurológico van en aumen-
to. El hecho de que poseemos dicha facultad se ve mejor corroborado por
casos bien documentados de experiencias próximas a la muerte (...) don-
de personas a las que los médicos han declarado muertas retornan a la
vida y explican cada detalle de lo que ocurrió en el sitio en que se encon-
traban... En consecuencia lo que postulo son dos sistemas separados
pero complementarios que sirven a nuestras facultades de memoria. El
funcionamiento de uno depende del establecimiento de las redes neuroló-
gicas maduras que comprenden los sistemas nerviosos central y autóno-
mo (...). Este sistema obedece a las leyes de la física y la química. El otro

es un sistema paraneurológico. Todavía no comprendemos las leyes que lo rigen (...) Creo que si aceptamos este modelo bipolar de memoria –al menos como hipótesis de guía– podemos explicar no solo la existencia de recuerdos prenatales y natales, sino también el desarrollo en el útero de las predisposiciones hacia determinadas actitudes y asimismo el de las vulnerabilidades".

Consciencia

En realidad, en todo lo explorado en los apartados anteriores estamos hablando de la consciencia. ¿Qué es la consciencia? ¿En qué momento de la vida comienza? ¿Es consciente el feto? ¿Y el embrión? Al comienzo de este capítulo hablábamos de que en la comprensión del bebé nonato que se tenía no hace todavía mucho tiempo se les consideraba seres insensibles, sin consciencia, viviendo en un limbo del que solo comenzaban a salir tiempo después del nacimiento. Incluso se llegaban a realizar operaciones de cirugía a recién nacidos o a bebés de pocos meses sin anestesia pues se creía que no podían experimentar dolor.

Sin embargo lo que sabemos de esta etapa de vida hoy en día nos muestra lo lejos de la realidad que se encontraba esta comprensión. Con todo lo que se ha observado y se sigue descubriendo, no hay duda de que en el nonato existe una consciencia desde momentos muy tempranos de la gestación. Incluso desde el momento mismo de la concepción.

En las experiencias recogidas en las últimas décadas sobre recuerdos intrauterinos se perfilan dos diferentes tipos de información: uno de ellos tiene que ver con recuerdos ligados a la experiencia corporal y con una consciencia fetal. Por ejemplo impresiones que describen cambios en el espacio uterino, recuerdos auditivos o impresiones emocionales. La fuente de la consciencia fetal tiene que ver con el cuerpo del nonato y se apoya en las estructuras físicas del cerebro y el sistema nervioso central, y también posiblemente en otras estructuras físicas como los mensajeros bioquímicos.

El segundo tipo de información sugiere una consciencia madura que trasciende o está separada del cuerpo del nonato, como una consciencia trascendente que parece existir independiente del cuerpo. Las dos coexisten hasta cierto punto durante la gestación para, a partir de cierto momento –que según los autores oscila entre el sexto o séptimo mes de embarazo hasta pocos días después del nacimiento–, converger en una sola.

A este respecto queremos mencionar de nuevo al Dr. Chamberlain, quien durante décadas ha utilizado la hipnosis en el trabajo con sus pacientes. A través de este método ha reunido una ingente cantidad de material sobre recuerdos prenatales. En sus investigaciones ha contrastado los recuerdos de los hijos con la información aportada por los padres y los resultados son fascinantes por la precisión y la finura de lo percibido desde momentos muy tempranos del embarazo. Como ejemplo, uno de los casos relatados por el Dr. Chamberlain en su libro *Windows to the womb*:

"Jeannine es una mujer casada que gracias a un premio de lotería pasa una semana de vacaciones con su familia en un hotel de California. Al llegar ella tiene la clara sensación de haber estado antes allí, conoce los caminos que llevan a la playa, sabe cómo encontrar exactamente el camino hacia su bungalow en medio del laberinto de antiguos bungalows dentro de las instalaciones del hotel, y hay un camarero mayor al que no puede dejar de mirar pues siente como si le conociera desde hace mucho. Al regresar a su casa habla con su madre por teléfono, la madre escucha tranquilamente hasta que la hija le dice el nombre del hotel donde acaba de estar, entonces la madre le dice muy emocionada: '¡Pero ese es el hotel al que fuimos tu padre y yo en nuestra luna de miel!'.

La madre le dice algo más, le dice que fue allí donde ella fue concebida. Los padres no habían tomado fotos durante aquel viaje. Y por supuesto ella no había estado allí en ningún otro momento de su vida".

El gemelo solitario peter bourquin - carmen cortés

¡Un recuerdo extraordinario de la etapa de la concepción!

Personas como el Dr. Chamberlain, el Dr. William Emerson, y otros muchos médicos y psicólogos pioneros de la psicología pre y perinatal, han dedicado muchos años de trabajo e investigación a ampliar nuestra comprensión y conocimiento de esta primera etapa de nuestra vida. De alguna manera se está produciendo un cambio de paradigma en nuestra concepción de cómo empezamos a ser, cuándo empezamos a ser y, en definitiva, de quiénes somos. Somos seres conscientes desde el primer momento de nuestra existencia y lo que ocurre en esta primera etapa es decisivo, pues esta es la etapa formativa por naturaleza.

Segunda parte
Desde la psicología

"Hace poco tiempo me di cuenta de algo crucial: toda mi vida se ha organizado alrededor de una ausencia".

Silvia Castro

7
Nuestra vida empieza con la concepción

Según hemos visto en los primeros capítulos, tanto la experiencia clínica como las investigaciones de las últimas décadas nos muestran que desde el principio de nuestra vida, es decir, desde la concepción, percibimos y sentimos. Esto es relevante porque precisamente nuestras primeras experiencias de vida nos marcan mucho –algo en lo que la psicología viene haciendo hincapié ya desde Sigmund Freud– y esto sucede no solo en los primeros años de vida sino ya antes del nacimiento. Un niño que nace ya tiene un pasado de nueve meses y si durante su embarazo tuvieron lugar sucesos significativos, estos dejan de forma inevitable una huella en él.

No deja de asombrarnos la ignorancia de la sociedad moderna con respecto a la primera etapa de nuestra vida. Esto se expresa también en la manera en que establecemos nuestra edad, que contamos a partir del día del nacimiento pasando por alto los meses de embarazo anteriores. Un ejemplo de que se puede proceder de otro modo lo encontramos en la tradicional y milenaria cultura china, que persistió hasta la revolución de Mao y que aún hoy día tiene una gran influencia. Allí, para determinar la edad de una persona, se añade siempre un año a los transcurridos desde su nacimiento con el fin de tener en cuenta esa primera etapa de su vida.

¿Qué sucesos durante el embarazo podrían ser significativos? Algunas vivencias importantes que dejan huella en el niño durante esta etapa serían, por ejemplo:

- Que la madre haya perdido un embarazo anterior en fechas recientes.
- Las circunstancias en que se ha producido la concepción, por ejemplo si ha sido como consecuencia de una violación.
- Intensas dificultades de decisión de la madre entre el aborto o la continuación del embarazo.
- Un intento de aborto.
- El rechazo del embarazo por parte de la madre, aunque lo lleve a término.
- Una situación de amenaza para la vida de la madre o del hijo.
- Cuando la madre ha sufrido maltrato físico o psicológico durante el embarazo.
- El abandono de la madre por parte de su compañero.
- El duelo de la madre por la muerte de un pariente próximo.
- Vivencias traumáticas para uno de los progenitores o para ambos, como la situación de desempleo, experiencias de guerra, la pérdida de la patria, etc.
- Un embarazo múltiple a cuyo término solo nace uno de los hermanos, cosa que sucede al menos en uno de cada diez embarazos.
- Un parto difícil en el que la vida de la madre y/o del hijo ha corrido peligro.

Pero sean cuales fueren las circunstancias y los sucesos de esta primera etapa vital, la vida continúa y cada uno de nosotros sigue sumando experiencias vitales. Puede que algunas de estas experiencias prenatales sean reforzadas después también por otras experiencias semejantes o puede que no. Aun así, dejan una impronta que suele ser un factor desencadenante de los llamados sentimientos básicos, es decir, sentimientos que nos acompañan de forma permanente a lo largo de nuestra vida. Son como una música de fondo a la que casi no prestamos atención pero que suena de continuo e influye persistentemente en nosotros. De forma metafórica podríamos decir que los sentimientos básicos son los colores dominantes de una composición pictórica que, independientemente del contenido representado, determinan la impresión que nos causa.

Pero no solo se trata de sentimientos sino también de ciertos pensamientos, creencias y formas de actuar que son el resultado de unas conclusiones y decisiones muy tempranas que desde entonces quedaron enterradas en el inconsciente y que siguen determinando nuestra forma de concebir el mundo. Es como si mirásemos la vida a través de unas gafas que hemos llevado siempre y que distorsionan nuestra percepción sin que nos demos cuenta en absoluto. Nuestra visión nos parece lo más natural del mundo aunque no lo es.

Algunas consecuencias de estas experiencias prenatales en la persona afectada pueden ser sentimientos básicos y creencias como:

- No tengo un lugar en la vida.
- Siento angustia de continuo.
- No debería estar aquí.
- Nadie me ve realmente.
- Tengo que ganarme el derecho a vivir.
- No hay ninguna seguridad; en cualquier momento puede pasar algo malo.
- Estoy triste.
- Me siento solo.
- Me falta algo o alguien.
- Yo tengo la culpa.
- He herido a mi madre y por eso no me atrevo a acercarme mucho a ella.

Dado que la persona adulta no tiene ningún recuerdo consciente de los meses que pasó en el vientre de su madre, en general no puede atribuir esos sentimientos básicos y creencias arcaicas a ningún acontecimiento. Esto además le suele causar confusión porque hace que no comprenda sus propios sentimientos. Sin embargo están ahí como consecuencia de experiencias muy tempranas. La investigadora francesa Claude Imbert lo expresa así: *"Se inscriben en el embrión los pensamientos, las emociones y los comportamientos que tuvieron lugar en el momento en que fue concebido y en los instantes que lo preceden inmediatamente, así como durante toda su vida desde el instante mismo de su concepción".*

En las últimas décadas se está desarrollando dentro de la psicología el área de la psicología pre y perinatal, que incluye esta primera etapa de vida precisamente para poder entender y tratar las secuelas de estas experiencias tempranas*.

---

* Ver los enlaces de las diversas asociaciones que se dedican a este tema en el anexo al final del libro.

8
Vivencias durante un embarazo gemelar

Los gemelos siempre nos han fascinado, tanto a las personas de su entorno, como a la ciencia y a la sociedad en general, basta ver su presencia en cuentos y mitos. A lo largo del siglo pasado se llevaron a cabo investigaciones específicas sobre el comportamiento y el vínculo entre gemelos vivos. Hoy en día las técnicas de ecografía en cuatro dimensiones abren una ventana a esa primera etapa de vida, mostrándonos mucho del comportamiento que tienen los gemelos entre ellos durante el embarazo. Igualmente, con la ayuda de ejercicios que se utilizan en un contexto terapéutico y que inducen a la persona a entrar en estados regresivos, es posible llegar a recuerdos muy tempranos de la propia vida, incluyendo la etapa del embarazo y el propio parto. Todo ello nos permite tener una mayor comprensión de la experiencia de los gemelos durante un embarazo gemelar y del vínculo entre ellos.

La relación entre gemelos es la relación más estrecha que conocemos los humanos. En buena parte de los gemelos vivos esto es una experiencia cotidiana –la sensación de tener un vínculo muy especial con el otro y la necesidad de mantener el contacto para sentirse cerca. Esta relación tiene su origen en el tiempo compartido durante el embarazo. Mientras que para la gran mayoría de los humanos la primera relación en vida es con la madre, para los gemelos la situación es diferente. Al convivir en el vientre de su madre desarrollan una relación sumamente estrecha entre sí. No resulta raro lo que oímos decir en una ocasión a una madre de gemelos de unos siete años, quejándose de alguna manera: *"Da la sensación de que no me necesitan. Se bastan el uno al otro"*. Esta anécdota ilustra lo importante que es la relación entre ellos y que la madre llega después siendo, en muchas ocasiones, su segundo vínculo más importante.

Con mucha frecuencia los gemelos describen la relación intrauterina con su gemelo como una vivencia fusional: en el contacto con el otro se sienten completos, las sensaciones dominantes son de amor y de una felicidad compartida, y tienen lugar en un estado atemporal que parece durar eternamente. Predomina la sensación de 'nosotros' y aún no tiene lugar un proceso de individualización. Las vivencias de gemelos y de mellizos no varían en ello de forma substancial. Sus palabras recuerdan a veces una descripción del paraíso, y así se pone de manifiesto en algún trabajo terapéutico. Los recuerdos de esta etapa suelen ser de gran belleza y felicidad compartida.

En las ecografías en cuatro dimensiones de embarazos gemelares se pueden observar sus variadas interacciones durante la segunda mitad del embarazo: se tocan, reaccionan, se golpean y se abrazan. Y con cada interacción se fortalece aun más el vínculo entre ellos. En la gran mayoría de ellas se observan relaciones vitales y amorosas pero a veces también hay relaciones donde uno es más dominante y el otro más pasivo o sumiso.

Lo que sigue es un testimonio de una médica cuyo marido también es médico:

"El menor de mis hijos es un gemelo monocigótico y su hermano murió en el sexto mes del embarazo. Mi marido y yo pudimos observar a través del ultrasonido que los latidos del corazón del pequeño que estaba muriendo se iban haciendo cada vez más débiles. El niño que hoy vive tomó a su hermano en los brazos y no lo soltó hasta que había muerto. Luego se movió hacia el otro lado. Allí permaneció muy tranquilo durante mucho tiempo, casi no había movimientos. Se podía ver que estaba vivo y sano, pero no se movía,

durante meses, y tampoco crecía, de manera que creíamos que no podía nacer sano ya que también era muy liviano. Luego el embarazo se prolongó, cuatro semanas más allá del término previsto, y en las últimas semanas aumentó hasta alcanzar un peso de nacimiento completamente normal. El niño sobreviviente en realidad nunca se introdujo en el espacio que antes ocupaba el hermano. Realmente se podía ver porque el embarazo ya estaba tan adelantado. Mi abdomen simplemente colgaba de un lado porque el niño sobreviviente no ocupaba el espacio que antes había ocupado el hermano".

Cuando finalmente nacen, su primera preocupación es el otro. Si rápidamente vuelven a estar juntos, todo está en orden, lo que les da a ambos una sensación de tranquilidad y seguridad. Pero si tienen que pasar unos días o semanas separados, por ejemplo por el hecho de necesitar incubadoras al haber nacido prematuramente, entonces pueden experimentar una angustia prolongada que después se instala en su sentir arcaico. Incluso puede llevarles a tener dificultades para recuperar esta relación íntima. Se habla de un 'movimiento amoroso interrumpido' entre ellos, causado por esta angustia que se despierta siempre de nuevo cuando experimentan un contacto cercano seguido por una separación, aunque sea en el contexto más cotidiano. Para no revivir esta sensación angustiosa puede que eviten tener una relación muy estrecha entre sí.

Mientras que en los países en desarrollo lo habitual es mantenerles juntos desde el parto mismo, en algunos países del 'primer mundo' solo recientemente se empiezan a introducir incubadoras para gemelos, para que puedan seguir juntos. Sin duda esto les ayuda enormemente en su bienestar. Hace unos años apareció en la prensa la siguiente noticia que habla por sí misma:

---

* Bert Hellinger (2007): *La fuente no tiene que preguntar por el camino*, p. 66 f; Argentina: Editorial Alma Lepik.

El gemelo solitario peter bourquin - carmen cortés

"Después de nueve meses compartiendo piso, Kyrie y Brielle se habían vuelto inseparables. Tanto, que cuando las hermanas –que habían nacido prematuramente 12 semanas antes de la fecha prevista– fueron introducidas en incubadoras independientes, empezaron los problemas. Mientras Kyrie, la mayor y con más peso, dormía plácidamente, su gemela Brielle no conseguía engordar, padecía trastornos cardiorespiratorios y, lo peor, no aceptaba los mimos de nadie. Por fortuna, la enfermera de la sección de prematuros probó la técnica de la "cuna doble", reuniendo a la pareja por primera vez desde que compartieran el seno materno. Al acurrucarse bajo la tierna y segura protección de su hermana, la frágil Brielle se calmó casi inmediatamente. La proximidad y el amor fraternal consiguieron que las hermanas Jackson salieran del hospital incluso antes de lo previsto y se fueran para casa donde duermen en la misma cuna".

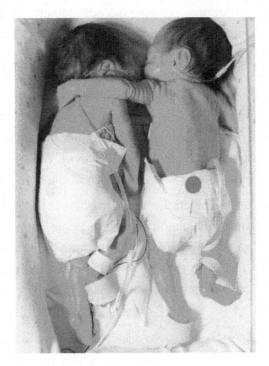

9

La experiencia pre y perinatal de un gemelo solitario

La vivencia y los sentimientos básicos de un gemelo solitario no se distinguen durante la primera parte del embarazo de lo descrito en el capítulo anterior. Suelen tener una sensación de fusión con su gemelo, y en este estado de 'nosotros' se sienten completos. Experimentan felicidad, amor y un bienestar extraordinario.

Pero cuando llega la muerte de su gemelo, cambia todo.

Este cambio empieza cuando perciben que el otro ya no está bien, que algo le pasa, que deja de crecer, que su corazón late más débilmente. En consecuencia aumenta la sensación de preocupación, inquietud y alarma.

El momento en que su gemelo se muere es dramático. Lo vive desde muy de cerca sin poder tomar distancia. No entiende lo que está pasando. Y no podría ser de otra manera ya que aún no conoce lo que significa 'la muerte'. Es a lo largo de nuestra infancia cuando aprendemos sobre la muerte, observando cómo mueren las plantas, un animal de compañía o quizás incluso algún abuelo o familiar cercano.

A consecuencia de la muerte de su gemelo, el superviviente suele reaccionar sobre todo de dos maneras:

Puede que sienta su propia vida amenazada y de esta manera entre en un estado de pánico, lo que hace que esté muy inquieto durante el resto del embarazo, moviéndose mucho. Cuando finalmente nace, lleva una fuerte impronta de angustia mortal en el cuerpo.

Pero también es posible que se quede en un estado de shock y deje de moverse casi por completo, lo que correspondería al estado de paralización que uno experimenta en una situación traumática. En este caso prevalecen sensaciones de desolación, tristeza y abandono, y de no querer vivir y seguir adelante.

Para nuestra sorpresa hemos podido comprobar que estas fuertes experiencias tienen lugar en la persona afectada incluso cuando la muerte del gemelo ocurre durante el primer trimestre de la gestación. Todo apunta a que durante el embarazo el nonato se encuentra en un estado atemporal en el que no existe la noción del tiempo, por lo que una afirmación como "se murió muy al comienzo del embarazo, a las ocho semanas" es solamente una conclusión a posteriori hecha desde la consciencia del adulto pero no tiene sentido en la vivencia misma.

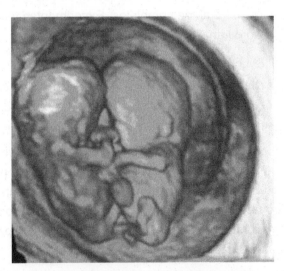

Ecografía de gemelos a los 12-14 semanas.

Hay un segundo factor que incide también de manera muy significativa en la vivencia del gemelo superviviente y es que, cuando muere el gemelo, su cuerpo todavía sigue allí. Si la muerte ocurre durante los primeros tres meses de gestación, habitualmente es reabsorbido pronto por el útero o la placenta, sin dejar rastro y, en este caso, la medicina habla del 'gemelo evanescente'. En un embarazo más avanzado este cuerpecito se queda allí, y en el parto aparece alguna protuberancia o incluso un fetus papyraceus. Esto significa que el gemelo superviviente convive durante un cierto tiempo con el cadáver de su hermano. Algunas personas afectadas dieron testimonio de pesadillas repetitivas durante su infancia. En estos sueños se reflejaba esta vivencia de alguna manera, por ejemplo en forma de una amenaza amorfa:

"Llevo estos días pensando en ese sueño-pesadilla que tengo desde la infancia, a ver si consigo visualizarlo con más claridad. Aunque también de adulta he seguido teniendo la pesadilla, ya ha sido de otra forma; en cuanto me hacía consciente de ello, incluso dormida, podía controlarlo para no seguir adelante con el sueño... y ahorrarme esa sensación de angustia... por eso la tengo menos presente para describirla con detalle.

De todos modos es un sueño apenas sin detalle; se trata de una imagen; como si fuera una masa enorme de color gris; tengo la sensación de que es redonda u ovalada... casi sin límites definidos por lo grande que me resulta. A veces lo he descrito como si fuera una piedra enorme –por ponerle un nombre– pero ni siquiera sé si se puede comparar con una roca gigante.

Y el sueño es simplemente eso; esa forma gris enorme que me agobia; como si se me acercara cada vez más y yo sintiera lo insignificante que soy frente a esa masa y lo indefensa que estoy... pero no queda claro que me aplaste físicamente.

Se trata más bien de una sensación de agobio. Yo sé que estoy allí, la pesadilla es conmigo, pero no me distingo, no tengo una forma definida, sé que estoy allí relacionándome con esa forma gris que me agobia y me acosa... y entonces me despierto porque me doy cuenta de que se trata de un sueño.

Y siempre es igual, el mismo sueño desde que era muy pequeña".

Isabel

El gemelo solitario peter bourquin - carmen cortés

Cuando se acerca el parto, puede que para algunos pase la fecha prevista sin que ocurra el nacimiento. Nacen con retraso –a veces varias semanas– como si les faltara el impulso propio de salir y llegar al mundo, lo cual coincide con su estado de paralización a causa de la pérdida sufrida. Muchos otros nacen de manera normal, sin nada llamativo. Pero todos tienen en común que nacen todavía bajo las impresiones de las experiencias vividas; se podría decir que están en un estado de shock por lo ocurrido, lo que les limita en su nueva etapa de vida.

Al nacer, con frecuencia se encuentran todavía hundidos en un pozo de tristeza o de miedo, lo que hace que el amor de sus padres no les llegue. Aunque los padres reciban a su hijo con toda la ilusión del mundo, es posible que el bebé necesite tiempo para llegar a vincularse plenamente con ellos. Esta puede ser la causa también de que algunos bebés solo estén tranquilos en el contacto corporal con su madre u otra cuidadora y de que lloren mucho en las primeras semanas, meses o incluso años. Con el tiempo, poco a poco se calman y llegan a dejar esta dolorosa experiencia atrás. Para ellos una relación cálida y consistente con su madre suaviza la experiencia de la pérdida considerablemente aunque no la borre.

Puede ocurrir que esta dificultad de vincularse con la madre después de haber nacido lleve a que la relación entre ambos se deteriore, ya que podría causar a largo plazo sentimientos de inseguridad o frustración en la madre al no sentirse correspondida. Y además también están los casos en que la madre tiene sus propias dificultades para vincularse con el hijo, motivadas por su biografía. Si esto ocurre es probable que el hijo se retire todavía más a un mundo solitario al que nadie tiene acceso.

Resumiendo lo expuesto hasta ahora, se puede decir que hay tres etapas bien claras durante su gestación, marcada la primera por la felicidad de estar junto al gemelo, la segunda por la experiencia dramática de su muerte y, la tercera, por la desolación de quedarse solo. No importa qué etapa haya sido más larga y cual más corta, estas son las tres vivencias fundamentales que marcan a un gemelo solitario. Han perdido la persona más cercana e importante para ellos y, aunque después crezcan y hagan su vida, llevan consigo las huellas de lo ocurrido en el tiempo prenatal y estas les acompañan a todas partes. A partir de ese momento, que estas huellas se suavicen o se refuercen dependerá de lo que suceda en su vida futura.

10

¿Cuán fiables son las experiencias regresivas?

Llegado este punto queremos profundizar un poco sobre la veracidad de los 'recuerdos terapéuticos'. Con este término nos referimos a los recuerdos que la persona recupera de su inconsciente dentro de un contexto terapéutico, habitualmente dentro de una psicoterapia individual o de grupo, o de algún trabajo psicocorporal, cuando se encuentra en un estado de regresión. Y en concreto en el caso que nos ocupa, se trataría de los recuerdos y experiencias que las personas tienen de ellas mismas y de su gemelo durante la etapa intrauterina.

Una cualidad esencial del ser humano es el intento de dar sentido a su experiencia. ¿Qué está pasando? ¿Qué significa? ¿Por qué ha ocurrido? Y en este intento por dotar de sentido a lo que nos ocurre en la vida tomamos como puntos de referencia las propias experiencias así como la información recibida a través de otras personas o de diferentes fuentes, como la escuela, libros, televisión o internet, por poner algunos ejemplos. Todo ello nos ayuda a 'construir' y dar un sentido a las vivencias.

En consecuencia, no nos sorprende que una persona en estado regresivo describa su experiencia en unos términos que solamente ha podido adquirir después. Para dar un ejemplo: sabemos que a partir del segundo mes del embarazo el feto empieza a moverse y a partir del tercer mes lo hace de forma controlada. No obstante, una persona que ha convivido con su gemelo durante las primeras semanas del embarazo puede que experimente y 'recuerde' cómo han jugado juntos y cómo se han tocado y abrazado. Esto puede ocurrir incluso cuando la muerte del hermano tuvo lugar antes de llegar al tercer mes de gestación. Obviamente no es posible desde el punto de vista objetivo pero sí es coherente si se entiende como una metáfora para describir la calidad de relación que hubo entre ellos y las sensaciones y los sentimientos hacia el otro.

De alguna manera nos recuerda al dilema de describir el sabor de un vino. Se dice por ejemplo que un vino... *"posee un color único de cereza negra y brillante, con intensos aromas a caramelo y frutillas maduras, acompañado de un ligero toque a especias, café y notas de madera".* ¿Nos damos cuenta? La única manera de describir la experiencia del sabor del vino es referirnos a otras experiencias sensuales que nos sirven como metáfora.

Otro aspecto a tener en cuenta es la sinestesia, que quiere decir la confluencia de nuestros sentidos. En la neurofisiología se llama sinestesia (del griego *sun-*, 'junto', y αἴσθησία, 'sensación') a la percepción conjunta o interferencia de varios tipos de sensaciones de diferentes sentidos en un mismo acto perceptivo. Un sinestésico puede, por ejemplo, oír colores, ver sonidos y percibir sensaciones gustativas al tocar un objeto con una textura determinada. No es que lo asocie o tenga la sensación de sentirlo: lo siente realmente. Los diferentes canales de percepción no están claramente diferenciados. Oliver Sacks escribe en su libro *Musicofilia* (p. 219): *"La sinestesia parece ir ligada a una activación cruzada, en un grado inusual, entre lo que, en casi todos nosotros, son zonas funcionalmente independientes del córtex sensorial, y dicha activación cruzada podría basarse en un exceso anatómico de conexiones neurales entre diferentes zonas del cerebro. Hay pruebas de que tal 'hiperconectividad' está presente en primates y otros mamíferos durante el desarrollo del feto y cuando son muy pequeños, pero que se ve reducida o 'mutilada' durante las primeras semanas o meses después del parto. No se han hecho estudios equivalentes en bebés humanos, pero tal como observa Daphne Maurer, de la NcMaster University, las observaciones de la conducta de los bebés sugieren "que los sentidos de los recién nacidos no están bien diferenciados, sino que se entremezclan en una confusión sinestésica".*

Quizá, como escriben Baron-Cohen y Harrison, *"todos somos sinestésicos de oído y color hasta que perdemos las conexiones entre esas dos zonas, más o menos a los tres meses de edad"*. Esto explicaría como a través de un estimulo, como por ejemplo la voz de su madre, uno podría tener una experiencia no solo acústica sino también visual y, en consecuencia, los recuerdos correspondientes.

Cuando uno observa a los niños pequeños se hace obvio que solo conocen un tiempo, mejor dicho, un estado: el presente. La noción del pasado, presente y futuro se desarrolla solamente a partir de cierta edad, a los cinco años más o menos. La siguiente conversación entre una madre y su hijo puede servir de ilustración: *"Hijito, mañana es tu cumpleaños"*. Y al cabo de unos pocos minutos: *"¿Ya es mañana, mamá?"*. Este vivir totalmente en el presente del niño es seguramente todavía más absoluto durante nuestra primera etapa de vida, la gestación. La vivimos en un estado atemporal, como si todo lo que ocurre es lo único que hay.

Cuando un adulto se cuestiona: "Pero si solo fueron unas pocas semanas o meses las que he convivido con mi gemelo, ¿cómo puede esto tener un impacto tan fuerte?", olvida que desde la perspectiva del nonato unas semanas son una eternidad. En su vivir no hay nada más que la experiencia acumulada del presente. Esto explicaría la intensidad emocional de los recuerdos intrauterinos y su capacidad de dejar huella para el resto de la vida.

Y aún algo más: ¿Cómo puede uno recordar los sucesos desde la concepción misma, cuando desde el punto de vista neurobiológico se sabe que el córtex, la parte más evolucionada de nuestro cerebro, requiere 32 semanas de gestación para poder adquirir una madurez mínima necesaria para el procesamiento de estímulos y almacenamiento de memoria? Incluso el sistema límbico, responsable de emociones y conductas de supervivencia e involucrado de forma crucial en los recuerdos, requiere cuatro semanas de gestación para ser parcialmente maduro y queda completamente desarrollado en el tercer trimestre del embarazo.

La respuesta es que hay diferentes formas de memoria, tal como hemos visto en el capítulo 'Inteligencia y consciencia del bebé nonato'. No solo tenemos el cerebro como sede de nuestra memoria sino que existen por lo menos dos sedes más. La primera es la que llamamos la memoria celular, por el hecho de que nuestras experiencias se graban también en las células de nuestro cuerpo. Utilizando una analogía del mundo de la informática podríamos hablar de un ordenador con dos discos duros diferentes: el cerebro y la memoria celular.

Y también existe un 'disco duro' de almacenamiento de información localizado fuera de nuestro cuerpo, una memoria extracorporal. Ya mencionamos anteriormente al Dr. Verny, que postula un sistema de memoria extraneurológico. Aquí queremos referirnos también a lo que el psicoanalista C.G. Jung llamó el inconsciente colectivo: un sustrato común a los seres humanos de todos los tiempos y lugares del mundo, constituido por arquetipos con los que se expresan contenidos de la psique. Quizá no sería erróneo entenderlo como una memoria extracorporal. Asimismo el concepto de los campos mórficos del biólogo inglés Rupert Sheldrake se acerca a esta comprensión. Siguiendo con nuestra analogía, este sería el lugar donde están almacenados los contenidos de internet: aunque se puede acceder a través del ordenador personal, no se encuentran en el disco duro de cada uno sino fuera de él, en un almacenamiento colectivo.

No obstante, somos conscientes de que todo lo que acabamos de exponer son modelos de explicación *a posteriori*. El fenómeno de la gravedad ya existía antes de que a Isaac Newton le cayera una manzana encima, inspirándole a formular sus leyes de gravedad. Lo cierto es que en el contexto terapéutico, y también a veces fuera de él, aparecen estos recuerdos muy tempranos. Y según nuestra experiencia, es de gran ayuda para las personas que los tomemos en serio.

11

La identidad compartida

Durante los nueve meses del embarazo un niño vive literalmente dentro de su madre, se nutre a través de su corriente sanguínea, está bañado en su bioquímica y siente mucho de lo que siente ella. Su experiencia se podría resumir en 'estoy en mi espacio, dentro de mamá'. Una vez nacido, sigue en un estado simbiótico con su madre pero con los meses empieza un proceso de diferenciación: aprende a percibirse como un ser propio y descubre a su padre como alguien diferente a su madre. La familia nuclear se transforma en su nueva matriz en la que vive y que le envuelve como antes el útero de su madre. Aparecen en su vida las personas que habitan su entorno social, como los vecinos, otros niños, maestros y compañeros de escuela; interactúa con todos ellos y se afirma cada vez más en sí mismo. Su consciencia se expande. Con la pubertad aparece con toda su fuerza la diferenciación entre chicas y chicos y, en consecuencia, se identifica con su propio sexo. Este proceso de individualización y auto-definición de un niño dura años y culmina habitualmente por primera vez en la adolescencia, pues allí uno comienza a dejar de identificarse con su familia y a tener sus propios planes e idea.

El gemelo solitario peter bourquin - carmen cortés

Ahora bien, todo este proceso de individualización ocurre en cualquier niño, tanto en no gemelos como en gemelos o trillizos, pero para los mellizos, gemelos y trillizos hay un extra. Para entender la sensación de 'yo' de un niño que es gemelo nos sirve de ayuda imaginar una naranja cortada por la mitad donde las dos partes representan a los dos gemelos. Esta imagen deja claro que solo se sienten completos cuando están con el otro. En algunas culturas incluso se dice que los gemelos comparten una sola alma. En todo caso, se puede observar cómo dependen el uno del otro y cómo se relacionan entre sí como dos polos que se evocan mutuament.

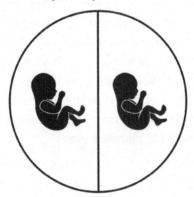

Su percepción de 'yo' incluye al otro, como si entre ambos formaran una entidad. Predomina el 'nosotros' en ellos y esta sensación se acentúa todavía más cuando se trata de gemelos 'idénticos' —aunque nunca lo son totalmente— y las personas de su entorno no saben distinguirlos y los confunden entre sí. Si además llevan el mismo corte de pelo y la misma ropa, eso tampoco les ayuda a sentirse diferentes el uno del otro ni a ser reconocidos como diferentes por los demás.

En consecuencia, para ellos el proceso de individuación y autodefinición no solo tiene que ver con sus padres y su entorno familiar sino también con su gemelo. Este proceso es tan necesario como complejo y puede durar bastantes años, más allá de la adolescenia.

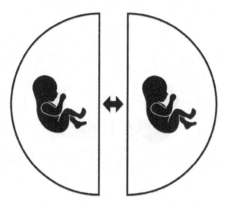

Incluso cuando lo logran, frecuentemente mantienen una relación especial durante su vida. No por casualidad se dice que la relación entre gemelos es la relación más estrecha que los humanos conocemos, y esto vale tanto para gemelos como para mellizos, aunque no sea igual para todos.

Nos gustaría ilustrarlo con un ejemplo: en un viaje por Sudamérica conocimos a dos mellizas de unos 40 años. Una vivía en Bogotá y la otra, habitualmente en Nueva York. Una estaba casada y era madre de dos hijos mientras que la otra convivía con su marido y no tenía hijos. Cuando una de ellas hablaba de experiencias de la otra, lo hacía como si lo hubiese vivido en primera persona porque era así como lo sentían. Sabían intuitivamente cuando a la otra le pasaba algo. Nos contaron como anécdota que cuando la una estaba embarazada, la otra la llamaba desde su casa a miles de kilómetros de distancia, diciéndole que ¡estaba harta de sentir náuseas! La conexión tan fuerte que sentían entre ellas y que pudimos atestiguar de cerca no es lo más habitual entre gemelos pero existe a menudo en mayor o menor medida.

El gemelo solitario   peter bourquin - carmen cortés

¿Cuál es la vivencia de un gemelo solitario?

Su gemelo no está, lo que suele causarle una profunda sensación de vacío. Puede que tenga todo en su vida actual –pareja, familia, trabajo, casa– pero igualmente sigue teniendo la sensación de que algo o alguien le falta; y como la gran mayoría de los gemelos solitarios no saben que tuvieron un gemelo, no se entienden a sí mismos, lo cual puede producirles bastante confusión.

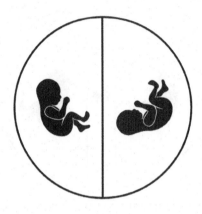

En su inconsciente, un gemelo solitario sigue identificándose con ambos, tanto consigo mismo como con su gemelo. Hemos podido observar que su consciencia salta de un lado al otro: en un momento se siente vital, con ganas y proyectos en su vida, y en el siguiente momento cae en un desánimo en que todo pierde sentido y la vida le parece lejana. Y esos cambios de ánimo suelen ocurrirle sin causa aparente; de alguna manera se podría decir que ocupa los dos lados a la vez.

Cuando uno finalmente descubre a su gemelo, puede entenderse mejor a sí mismo. Ahora sabe que son dos personas y en la medida en que toma consciencia de ello puede desidentificarse de su hermano y empezar a distinguir sus propios sentimientos y estados de ánimo. ¿Cuáles son suyos y cuáles pertenecen a su gemelo? ¿Quién está vivo y quien se ha muerto? Es entonces cuando por fin empieza el proceso de individuación entre ambos.

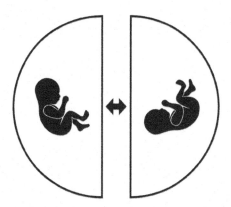

Este proceso de individuación requiere un tiempo para el gemelo solitario, habitualmente varios años, porque la confusión de la identidad compartida se ha instalado en los cimientos mismos de su personalidad y se manifiesta en múltiples facetas. Aunque con el tiempo uno ya tenga claro que es **uno**, se va a sorprender al ver que en ciertos momentos de su vida siente, piensa y actúa por dos.

12
Trillizos y cuatrillizos

A continuación queremos elaborar esta comprensión de la identidad compartida para trillizos y cuatrillizos. Como la dinámica es parecida, sean tres o cuatro, lo ilustramos en el ejemplo de trillizos. Si nacen vivos, su desafío es parecido al de los gemelos: encontrarse a ellos mismos en un proceso de individuación que abarca tanto a sus padres y su familia como a sus hermanos.

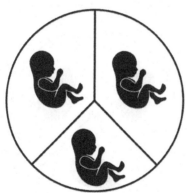

Cuando solo nació uno de los tres, ha tenido igualmente la experiencia de la primera etapa del embarazo que suele consistir en una felicidad y un bienestar extraordinario. Pero a continuación vivió dos veces la experiencia de la pérdida. La primera vez tenía a un trillizo vivo a su lado y esto podía darle todavía un cierto confort y tranquilidad; al ocurrir por segunda vez, la vivencia resulta tan desgarradora como lo es para un gemelo solitario. Por esta razón, su sentir y vivir se parecen mucho a lo explicado respecto a un gemelo, y también su proceso de individuación.

El gemelo solitario peter bourquin - carmen cortés

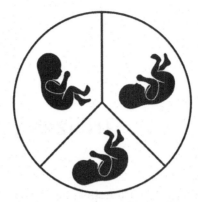

Si hay alguna diferencia es que, mientras que dos son una pareja, tres o cuatro personas ya son un grupo. En consecuencia, en su vida actual habitualmente se siente más a gusto –mejor dicho, más completo– en situaciones que incluyan varias personas, por lo menos otras dos. La vida en pareja habitualmente no le es suficiente para llenar este vacío que dejaron sus dos hermanos al morirse.

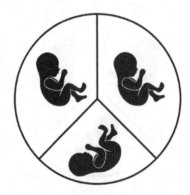

Lo que pocas personas saben es que entre los gemelos y mellizos vivos también puede existir la dinámica del gemelo solitario. Casi la mitad de embarazos que desembocan en un parto de gemelos, empezaron como embarazos múltiples, habitualmente de trillizos. De ellos, uno se perdió en el primer trimestre de la gestación y los dos restantes llegaron a buen puerto y nacieron como 'gemelos', aunque en realidad inicialmente eran trillizos que tienen un trillizo vivo y otro muerto.

En su inconsciente, este trillizo que murió existe y ocupa parte de su identidad. Los efectos se suelen parecer a los que padece un gemelo solitario, con una sensación de vacío, tristeza, momentos de desánimo, etc., aunque el hecho de que a la vez tienen a su trillizo vivo a su lado suaviza la experiencia de la pérdida. Puede que afecte más a uno de los dos que al otro, quizás porque lo vivió más de cerca en el útero materno. Hemos visto dinámicas entre gemelos vivos donde ha sido justo la vivencia de la muerte de su trillizo durante el embarazo lo que se cernía como una nube oscura sobre su relación, impidiendo un contacto cercano y fluido entre ellos. Solo al descubrirlo y reconocerlo, dándole de esta forma un lugar consciente y afectuoso, los dos trillizos supervivientes consiguieron rehacer su relación. Son tres, y a la vez cada uno es diferente. Queremos ilustrarlo con el siguiente testimonio:

"Desde pequeño siempre tuve la necesidad de tener una hermana y esa fue una petición que yo hacía a mis padres constantemente. Es decir, llegaba a verbalizarlo.

Nosotros somos trillizos y uno murió, no tenía más noticia de esto hasta que salió en una constelación. Al parecer debía de ser una niña. Yo también lo siento así. Hasta le he puesto nombre, Beatriz. Con mi hermano mellizo, el que también vive, nunca he tenido una relación demasiado estrecha. Aunque siempre ha habido un cariño especial, pero sin palabras; él es poco expresivo. Desde los once años no hemos vuelto a vivir juntos".

José

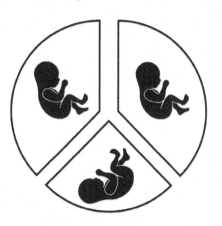

El gemelo solitario peter bourquin - carmen cortés

Un embarazo múltiple de cuatro o más hermanos es extremamente raro. Cuatrillizos nacidos vivos son una noticia en la prensa por lo extraordinario que resulta. La concepción de cuatrillizos es algo más frecuente, aunque desconocemos estadísticas científicas que nos proporcionen porcentajes exactos. En los inicios del uso de la técnica in vitro en la reproducción asistida había la costumbre de implantar tres o hasta cuatro óvulos fecundados en el útero de la madre, pero después de unos años se generalizó la regla de no más que dos, para evitar embarazos múltiples.

De todos modos, el proceso respecto a la identidad compartida para cuatrillizos es parecido al caso de los trillizos. Lo crucial es poder dar un buen lugar a cada uno de los hermanos sin identificarse con ellos.

13

Huellas en la psique

En este capítulo vamos a explorar desde diferentes ángulos cómo el hecho de haber perdido un gemelo afecta e influye al hermano superviviente en los diversos ámbitos de la vida, y veremos las huellas que le ha dejado en su sentir, pensar y actuar. Más adelante, en la tercera parte del libro ilustraremos y ampliaremos estos diferentes aspectos gracias a una gran variedad de testimonios.

a) Las huellas en el sentir

Presenciar y vivir de cerca la muerte de un gemelo deja unas huellas profundas en el sentir del hermano superviviente. Como consecuencia de ello, en él se han desarrollado unos sentimientos básicos fuertemente arraigados que conforman la música de fondo de su emocionalidad y que influyen en la percepción de sí mismo y de su entorno a lo largo de su vida.

La descripción siguiente es un resumen generalizado de estos sentimientos, a sabiendas de que cada individuo es único y que las vivencias personales pueden diferir tanto en aspectos concretos como en el grado de intensidad con el que se experimentan:

• Es común en los gemelos solitarios la sensación de vacío. Les falta algo o alguien y no encuentran la manera de llenar ese agujero negro en su alma. Este vacío le acompaña incluso aunque la persona aparentemente tenga todo en su vida, como un buen trabajo, pareja e hijos, una casa bonita, etc.*

- Como consecuencia, sienten un anhelo de algo que en su memoria se parece a un estado completo y paradisiaco. Esta añoranza de algo perdido, algo que no encuentran ni en el presente ni en el futuro, les acompaña a todas partes, lo que puede causarles además una sensación de descontento sin razón aparente.

- Un sentimiento de soledad le es inherente. Se quedó solo al haber perdido a la persona más cercana, que a la vez ha sido la primera relación para él. Dependiendo de los futuros acontecimientos de su vida, sobre todo de cómo sea la relación con la madre durante los primeros años, este sentimiento puede acentuarse o suavizarse, pero no desaparece.

- Hay una melancolía o tristeza de fondo que, aunque puede ser apenas perceptible en etapas de felicidad en sus vidas, sigue ahí y se hace presente siempre de nuevo. En unas personas este sentimiento puede tener la forma de una profunda tristeza que roce la depresión mientras que para otras puede ser un sentimiento de dulce melancolía en el que se habite casi con gusto. Sin saberlo, tienen un duelo pendiente por la muerte de su gemelo.

- Muchos gemelos solitarios tienen un sentimiento de culpa. Su origen es que en su momento llegaron a la conclusión de ser culpables de la muerte de su gemelo, lo que con el tiempo se ha transformado en un sentir general. Por eso en su vida se sienten culpables con facilidad aunque no sepan el porqué. Para algunas personas se manifiesta más bien como un sentirse responsables de los demás. En consecuencia no sienten culpa sino una híper responsabilidad que les hace sentir responsables del bienestar de todos.

---

* Según lo que hemos podido aprender de los participantes en nuestros talleres para gemelos solitarios, sospechamos que cuando uno es gemelo, siente que le falta algo propio, como si tuviera un agujero en su ser. Parece que en la consciencia intrauterina se percibe al gemelo más bien como una prolongación de uno mismo. Esta sería la principal diferencia respecto a un embarazo de mellizos, donde la percepción es de que alguien falta.)

- En algunos gemelos supervivientes se desarrolla un enfado. Es el enfado natural de un niño ante la pérdida, la sensación de que "¡me dejaste solo, y por eso estoy muy enfadado contigo!" Los niños habitualmente no pasan por un proceso de duelo sino que se quedan en este enfado, que con el tiempo pueden llegar a generalizar, enfadándose con su entorno y con la vida misma.
- Sienten que son diferentes. Se dan cuenta de que algo les pasa, de que sus sentimientos y pensamientos no encajan en su situación actual y no se entienden. Esto les lleva a pensar incluso que son 'bichos raros'. Tal como lo expresó una participante de un taller: "En mi infancia sentía que todos hablaban en chino, mientras yo hablaba japonés".

Estos sentimientos básicos son como viejos compañeros de viaje. Siempre han estado allí, desde la infancia misma, arropando al gemelo solitario y cuesta mucho camino y trabajo personal poder despedirse de alguno de ellos.

Naturalmente hay que ver los demás sucesos que ocurren en una vida ya que, según nuestra observación, el hecho de perder a un gemelo no tiene el mismo impacto en todas las personas; para algunos puede ser un suceso central y dramático que determine en gran medida cómo vivirá su vida mientras que para otros no tiene la misma trascendencia. Aunque nuestra sospecha es que para todos puede ser un suceso de importancia, no sabemos a día de hoy si la pérdida de un gemelo que ocurra en los primeros días o semanas del embarazo tiene el mismo impacto. Y no nos cansaremos de repetir que este es solo un capítulo de nuestra biografía y que dependerá de lo que suceda después que esta primera impronta se reafirme o se suavice.

A este respecto también la calidad de la relación con la madre es decisiva. Si el bebé es acogido por una madre presente y cálida, que atiende a sus necesidades de manera consistente, esto seguramente suaviza los sentimientos de soledad del recién nacido. Si no fuera este el caso y el bebé se encuentra al nacer con una madre o un entorno familiar poco acogedor, su experiencia de abandono se ve confirmada de nuevo, con lo que sus sentimientos de soledad, vacío y añoranza se refuerzan considerablemente.

Ante los sentimientos básicos descritos nos surge la pregunta de si no podrían tener otro origen distinto a la pérdida de un gemelo. La respuesta es sí, por supuesto. Sentimientos de soledad, culpa o tristeza pueden ser consecuencia de una gran variedad de sucesos que habitualmente tienen lugar en la infancia o adolescencia y para cada sentimiento se pueden encontrar diferentes orígenes posibles. No obstante, si el lector se identifica con todos o casi todos, tiene bastantes probabilidades de ser un gemelo solitario. Es la combinación de las huellas psicológicas que hemos descrito la que apunta a este origen.

b) Las huellas en el pensar

El mundo del niño, desde sus comienzos y en sus primeros años de vida, es un mundo que gira alrededor de sí mismo. Está convencido de que todo lo que ocurre tiene de alguna forma que ver con él y esto le lleva a considerarse a sí mismo como la causa de todo lo que sucede a su alrededor. Si sus padres discuten entre ellos, piensa "algo he hecho mal y por eso se pelean"; todavía no entiende lo que es una disputa matrimonial. Le falta la experiencia necesaria que solo traen los años vividos para poder interpretar y entender de forma adecuada los sucesos que le rodean.

Y eso también ocurre cuando durante un embarazo gemelar muere un hermano. El superviviente intenta entender lo ocurrido pero no lo consigue; obviamente no puede tener la experiencia y los conceptos necesarios para hacerse una idea correcta. ¿Cómo iba a saber que la constitución física de una mujer está hecha más bien para un embarazo singular y que la naturaleza misma sacrifica en el 90% los embarazos múltiples para asegurar que un bebé llegue a buen puerto y nazca? No lo puede saber. Pero igualmente llega a sus respuestas y conclusiones y aunque estas caigan después en el inconsciente, no por ello son menos poderosas.

Muchos gemelos solitarios llegaron en su momento a explicaciones como:

- No he hecho lo suficiente para retenerle conmigo.
- No le he dejado suficiente espacio.
- Me lo he comido todo yo.
- Se fue porque soy malo.
- Debería haberle salvado.

Si uno escucha estas frases, se hacen obvios tanto su egocentrismo como lo absurdo en ellas. ¡Ningún gemelo puede provocar o evitar la muerte del otro! No obstante, para la persona afectada parecen verdad y en lo profundo de su interior las siente así, lo cual determina hasta cierto grado el camino que toma en su vida. Wendy Anne McCarty lo expresa con estas palabras: *"Nuestras más tempranas experiencias establecen el patrón de lo que creeremos como realidad"*.

En consecuencia, el gemelo superviviente también desarrolla ciertas creencias sobre sí mismo, el otro y la vida. Estas son algunas frecuentes:

- Yo tengo la culpa.
- Debería haberme muerto yo en lugar de él.
- No hay nadie para mí.
- Voy a perder las personas a las que quiero.
- No tengo derecho a estar en la vida.
- Tengo que ganarme la vida esforzándome por dos.
- La vida solo quita.
- En cualquier momento puede pasar algo malo.
- No puedo con la vida.

Estas y otras creencias y convicciones están activas en el inconsciente, y a veces también en la consciencia, de un gemelo solitario. Forman parte de las 'gafas' a través de las cuales se ve a sí mismo y al mundo, y marcan su manera de pensar. Como parte del 'guión natal' influyen de forma determinante en su 'guión de vida', en lo que hace y no hace, en cómo se relaciona consigo mismo, con los demás y con la vida como tal.

Es importante mencionar aquí el concepto de 'guión de vida', desarrollado por el médico psiquiatra canadiense Dr. Eric Berne, fundador y creador inicial del Análisis Transaccional. Eric Berne observó que todas las personas a las que acompañaba en su proceso de terapia psicológica actuaban siguiendo lo que él denominó un 'guión de vida', que es como el argumento preestablecido de una obra dramática que la persona se siente obligada a representar, independientemente de si se identifica o no con su personaje. El Dr. Berne observó que sobre los siete años este guión está prácticamente formado. El niño por lo general, aun teniendo menos de siete años, necesita ya dar una primera respuesta a preguntas como ¿quién soy yo?, ¿quiénes son los demás? y ¿qué haré en la vida? Responder a estas preguntas es una necesidad psicológica para sobrevivir. Lo que sucede entonces es que los primeros datos con los que uno intenta responderlas se van obteniendo de las primeras vivencias, sean buenas o malas. Estas experiencias se viven con las figuras parentales, en especial con los padres, pero también con otras figuras importantes, y para algunos con el gemelo. El guión, pues, está basado en las influencias parentales o en las experiencias con otras personas y en las decisiones que el niño va tomando frente a ellas para sobrevivir. Y comienza a formarse ya en la época de la gestación de una forma más somática que verbal. En el caso de los gemelos solitarios, la vivencia de haber compartido el vientre materno con un hermano y después pasar por la experiencia de la pérdida es una de estas experiencias que contribuye de forma determinante a la construcción de su guión de vida.

Como parte de este guión, el *Rebirthing* o Renacimiento contempla el guión natal que se genera durante el tiempo que abarca la gestación desde antes de nuestra fecundación hasta el parto, e incluso los primeros meses del bebé ya nacido. Ya en el útero, el niño que viene y que está formando su cuerpo, está en contacto íntimo con la madre y con la influencia del entorno emocional y psicológico que le rodea. Cuando durante esta primera etapa de vida ocurrieron experiencias traumáticas o dolorosas, este método terapéutico puede ser de gran ayuda para acceder a ellas, liberarlas y sanar.

A continuación veremos de qué manera influyen estas huellas en el sentir y en el pensar del gemelo solitario en su vida.

c) Las huellas en el actuar

Desde pequeño, un gemelo solitario siente que alguien o algo le falta, lo que le hace sentirse solo aunque esté arropado por su familia. De forma paradójica se podría decir que está acompañado por la soledad. De niño se retira de forma intermitente a un mundo propio al que los demás no tienen acceso. Puede que tenga un amigo o una amiga invisible, una muñeca, un cojín o una mantita que sea de suma importancia para él y de la cual es inseparable. En la serie de tebeos de Charlie Brown hay un personaje que se llama Linus. ¿Te has preguntado alguna vez por qué tiene tanto apego a su manta?

Y esa soledad tal vez lo lleve a reclamar a sus padres que quiere tener otro hermano o a veces a desarrollar una relación especialmente cercana y unida con un hermano con el que exista poca diferencia de edad. Puede que sienta especial interés y atracción por los gemelos y tal vez desearía ser uno o tener hijos gemelos de mayor.

En general no son de tener muchos amigos y prefieren las relaciones profundas a las superficiales. Se sienten más cómodos en el tú a tú que en los grupos grandes por lo que en un entorno más social, como una fiesta o reunión de un cierto tamaño, es fácil encontrarlos sentados en una esquina, hablando íntimamente con una persona. Es frecuente que tengan **un** amigo o **una** amiga especial con la que comparten una relación íntima y cercana. Esta tendencia puede prolongarse durante toda la vida y si con los años se rompe o acaba esta amistad, les duele muchísimo. Pero después aparecerá otra de la misma índole.

Muchos gemelos supervivientes se sienten fácilmente culpables de todo sin entender la causa. En su inconsciente ha quedado la idea de no haber podido salvar a su querido hermano o incluso de haber causado su muerte. Sienten lo que en psicología se llama 'la culpa del superviviente'. Este fenómeno se ha observado en personas que sobrevivieron a peligros extremos en los cuales otros murieron –como un accidente aéreo, un campo de concentración o un tsunami– y en consecuencia se sienten culpables por el hecho de seguir viviendo. Aunque quien sobrevivió y quien murió sea producto de la más pura casualidad, perciben injusticia en ello: "Debería haberme muerto yo en lugar del otro" es un pensamiento recurrente en ellas. En el caso de los gemelos solitarios, aunque no sean conscientes de ello, puede que lo sientan en lo profundo de su ser.

Por ello algunos buscan inconscientemente la muerte, lo que se puede manifestar mediante una tendencia depresiva, un proceso de anorexia o incluso el suicidio. Sin embargo, según nuestra experiencia, este impulso está causado no solo por el hecho de ser un gemelo solitario sino por una acumulación de causas. En estas personas ha llovido sobre mojado, es decir, suelen haber ocurrido otros sucesos graves durante la infancia que igualmente les pesan. Además, esta tendencia puede verse potenciada por ciertas dinámicas transgeneracionales de su sistema familiar que también influyen en ellos, como por ejemplo, destinos trágicos de otros familiares que perdieron su vida.

En relación con la muerte se pueden observar dos actitudes opuestas: algunos tienen una comprensión innata de ella, la reconocen como una vieja conocida y no la temen en absoluto, aunque la respetan; eso les da una capacidad especial para acompañar o atender a personas que se están muriendo o que están en duelo.

Otros, por el contrario, sienten una gran angustia con todo lo relaciona-do con la muerte. Siguen bajo la impresión que les causó la muerte de su gemelo, lo que les produjo una angustia mortal, como si su hermano pudie-ra arrastrarle con él. Esta angustia se mantiene activa aunque el suceso fuera hace mucho tiempo y, en consecuencia, temen a la muerte, lo que hace que les cueste acompañar a un ser querido en su etapa final o asistir a un funeral. Vivir la muerte de una mascota, por ejemplo, puede ser una experiencia devastadora para ellos.

En general les cuesta la despedida y se les hace intolerable una pérdida. Cualquier pérdida, sea el fin de una amistad, el cambio de un lugar o la muerte de un gato, puede causarle un sufrimiento que le hunde durante largo tiempo. Aunque algunas personas, para afrontar las pérdidas, han desarrollado cierto mecanismo disociativo que consiste en no mirar atrás y 'olvidarse' rápidamente de lo ocurrido. De esta manera evitan el dolor y no lo sienten, porque 'ya pasó'.

Como sienten un vacío −esta sensación constante en su interior de la ausencia de algo o alguien−, puede que lleven una vida de búsqueda en el intento de encontrar lo que falta y así por fin llenarlo. ¡Es un anhelo infatiga-ble! Esta búsqueda puede manifestarse de diferentes maneras: viajar por todo el mundo, estar inmerso en una búsqueda espiritual, querer encontrar la pareja ideal o a su 'alma gemela', etc.

Estamos convencidos de que el mito de las almas gemelas, tan popular en ciertos círculos espirituales y esotéricos, no es más que una proyección de este anhelo de reencontrarse con su gemelo de verdad, este gemelo que murió durante el embarazo. De allí nació el mito que sigue fascinando por-que promete que se cumplirá esta ilusión de sentirse completo de nuevo en un futuro, de vuelta al paraíso experimentado al comienzo de la vida.

Muchos, aunque no todos, duplican ciertas posesiones, comprando a menudo un par de cosas iguales sin una razón aparente. Van de compras con la intención de comprarse una camisa y vuelven con dos iguales o, como mucho, de diferente color. Lo mismo les puede ocurrir con el calzado, la ropa en general, y también con la decoración en la casa, que puede ser llamativamente simétrica y dual.

El gemelo solitario   peter bourquin - carmen cortés

O, al contrario, se quedan con la mitad, permitiéndose tomar a medias, comiendo por ejemplo solo la mitad de su comida. Igualmente frecuente es el hábito de cocinar siempre una porción de más, como si contaran con una persona más a la hora de comer. Recordamos dos anécdotas que nos contaron dos gemelas solitarias. La una preparaba cada mañana dos tazas de café aunque solo se bebía una; y la otra compraba siempre dos panecillos, aunque se comía solo uno. Su conducta les parecía irracional pero seguían así, no podían hacerlo de otra manera.

Otra secuela habitual es que el gemelo superviviente vive sumido en una confusión y es que en su ser no tiene claro quién de los dos (o tres) es él: el vivo o el muerto. De adulto puede que se sienta algo distante de sus seres queridos, de su entorno y de la vida misma. Es como si tuviera un pie en la vida y el otro en un lugar lejano que, aunque no lo sabe, es junto a su gemelo muerto. Metafóricamente hablando se podría decir que el gemelo vivo no quiere dejar a su hermano muerto solo, y en su alma le sigue amando y acompañando. Esto puede tener como consecuencia cambios abruptos de ánimo sin causa aparente y puede pasar de sentirse bien a caer en un estado deprimido de un momento a otro. Es como si le hubiesen desenchufado. De golpe le parece que la vida ya no tiene sentido y apenas encuentra energía para seguir con sus proyectos. Después remonta de nuevo y se siente vital y vivo, hasta que otra vez se vuelve a desanimar.

Respecto a su vida laboral, a menudo trabajan por dos (o tres), aunque esto no significa que se permitan disfrutar del éxito que para muchos de ellos es más bien pasajero, como algo que se gana y se pierde. Detrás, en su inconsciente, probablemente se encuentre el impulso de tener que ganarse el derecho a vivir o quizás se puede entender como un intento de vivir por dos. Tampoco es infrecuente que tengan dos profesiones, dos carreras o dos trabajos a la vez.

Un número significativo de gemelos supervivientes trabaja en profesiones de ayuda, lo que seguramente responde a dos motivos: por un lado tiene que ver con su afán de salvar al otro, cosa que, como expresamos en el capitulo anterior, está motivado por su guión natal –el impulso a realizar lo que no se pudo hacer en la escena original. Por otro lado, muchos gemelos solitarios tienen una gran capacidad empática, muy útil en las profesiones de ayuda. Para ellos es más fácil poder captar las necesidades del otro que darse cuenta de las propias. Lo queremos ilustrar con este boceto: se encuentran dos gemelos solitarios y el uno saluda al otro de la siguiente manera: "Tú estás bien. ¿Cómo estoy yo?".

Si miramos a la familia que constituyen, lo cierto es que entre ellos, comparado con la media, hay un número de personas significativamente menor con hijos propios, sean cuales sean las razones en un primer plano. Según nuestra comprensión, una causa es que en algunos de ellos el tema del embarazo está vinculado a la experiencia de muerte lo que les causa una gran angustia, por lo cual inconscientemente evitan un embarazo propio. Aunque a veces anhelan tanto ser padres que les parece una cuestión de vida o muerte, es decir que la vida para ellos no tiene sentido si no pueden llegar a tener un hijo propio. En estas personas se ha unido el deseo de ser padres con el anhelo por recuperar a su gemelo.

Siendo padres pueden desarrollar un vínculo especial con uno de sus hijos, con quien experimentan una cercanía y unión que refleja la relación que tuvieron con su gemelo; les cuesta distinguirles emocionalmente. Su hijo inconscientemente tiene que representar al gemelo y llenar el hueco que este dejó, lo que se manifiesta en una relación muy estrecha con su madre o padre. Incluso puede llegar al punto de que el hijo desarrolle síntomas parecidos a los de un gemelo solitario, sin serlo.

En otros casos, en lugar de tener hijos tienen una mascota que llevan muy cerca, por ejemplo un pequeño perrito que les encanta tener en el regazo o sujetar en el brazo, disfrutando de su contacto corporal. Obviamente para ellos la mascota es algo (o alguien) más que una mascota…

Con todo lo descrito anteriormente no es de sorprender que un gemelo solitario se sienta diferente a los demás –lo que no significa sentirse mejor que los demás sino más bien como un bicho raro– y tenga la sensación de que nadie puede comprenderle, pues a él mismo le cuesta entenderse.

El gemelo solitario peter bourquin - carmen cortés

En la tercera parte del libro, dedicada a los testimonios, se ilustran las muchas facetas en las que el hecho de haber vivido con un gemelo y haberlo perdido después, ha dejado huellas en la psique.

14

La pareja como espejo

Los gemelos comparten la relación humana más estrecha que conocemos, no hay ninguna igual. Aunque no llegue a ser tan fusional y cercana, la relación de pareja es, de entre las relaciones humanas, la más parecida a la relación entre gemelos. En pareja uno igualmente convive con otra persona, siendo dos, compartiendo el espacio privado y el tiempo; en el encuentro íntimo se difuminan las fronteras entre el uno y el otro. Por esta razón es en el terreno de la pareja donde se manifiestan sobre todo los anhelos y miedos de un gemelo solitario.

De algún modo podemos distinguir a los seres humanos en dos grupos: no gemelos y gemelos. Cuando hablamos de gemelos, nos referimos igualmente a mellizos, trillizos o cuatrillizos. El primer grupo representa la gran mayoría, el 85-90% de la población. El segundo grupo es minoría aunque importante en números absolutos. Una décima parte de la población de España ya son más de cuatro millones de personas. ¿Y por qué hacemos esta distinción? Porque cada grupo tiene su propio modelo de relacionarse con las personas, especialmente con la pareja, y estos dos modelos generales son el resultado de estas primeras improntas de la etapa prenatal.

Para un no gemelo la experiencia se puede describir así: 'aquí estoy yo, en mi espacio'. Es concebido solo en el vientre de su madre donde crece durante nueve meses y cuando finalmente nace, su primera relación es con su madre.

El gemelo solitario   peter bourquin - carmen cortés

Para un gemelo la experiencia es bien distinta: 'estamos en nuestro espacio'. Es concebido junto a su hermano, ambos conviven y crecen uno al lado del otro en un contacto cercano y permanente. Cuando nacen, se encuentran con su madre.

¿Cuál es la diferencia de estos dos modelos de relación? Un no gemelo tiene una manera de relacionarse que se podría comparar con el movimiento de las mareas: 'ahora estoy contigo, ahora me retiro a mí mismo'. Se mueve alternando entre el contacto y la retirada; pero su punto de partida es uno, 'yo'.

El modelo de relación de un gemelo es: 'mientras que estoy contigo, estoy conmigo'. Se relaciona desde la cercanía, con menos necesidad de retirada. Un gemelo se siente cómodo en las relaciones cercanas, personales y profundas; se define más por el 'nosotros' que por el 'yo'.

Por supuesto somos conscientes de que lo expuesto es una generalización que no tiene en cuenta todo lo que ocurre después en la vida de un niño, sea gemelo o no, y que igualmente va a influir de forma determinante en el estilo de relacionarse. Por ejemplo, hay personas que viven en una relación de dependencia con otra persona, donde prevalece el 'nosotros' sin ser gemelos. Igualmente hay gemelos cuyo camino les ha llevado a una individualización fuerte y marcada pero, no obstante, es interesante observar esta diferencia fundamental en la forma de relacionarse.

Cuando una pareja está formada por dos personas con diferentes modelos de relación, las dificultades resultantes se hacen obvias. Cuando el uno –el no gemelo– se retira en su movimiento cíclico para volver a su propio espacio, el otro –el gemelo– a menudo no tiene esta necesidad sino que, al contrario, suele echar de menos el contacto y la cercanía.

¿Pero cómo lo vive un gemelo solitario? Pues él se relaciona de forma diferente a una persona sin par o a un gemelo, y esto puede manifestarse de dos maneras bien distintas, aparentemente opuestas, aunque no dejan de ser dos caras de la misma moneda:

Una posibilidad es que huya de toda relación íntima porque le dé pánico. Teme pasar otra vez por la pérdida de un ser querido y siente que no podría soportarlo una segunda vez, que sería el fin. Este miedo puede llevarle hasta el extremo de evitar cualquier relación de pareja. O bien no se atreve a amar porque lleva en su interior un profundo temor inconsciente de que su gemelo le arrastrará hacia la muerte y este temor se le despierta de nuevo en la intimidad con otra persona. En ambos casos le cuesta abrirse y entregarse de verdad a cualquier relación amorosa más adelante en su vida. Siente que necesita una distancia de seguridad con su pareja aunque no entienda el porqué.

Esta dificultad puede tener el efecto en él de fomentar solamente relaciones que, vistas desde fuera, no tienen futuro, porque la persona en cuestión ya está comprometida, o vive lejos, o no está realmente disponible. Se podría decir que cualquier nueva relación ya tiene la fecha de caducidad inherente, lo que lleva a una sucesión de relaciones breves. Aunque por un lado esta situación sea frustrante y dolorosa, por otro lado le da justo esta distancia de seguridad que es una necesidad imperiosa para él.

La otra cara de la moneda es que busque una relación de pareja cercana y profunda mientras que las superficiales no le interesen y que incluye a menudo la necesidad de bastante contacto corporal. De esta forma revive su primer modelo de relación. Una vez pasada la fase del enamoramiento, durante la cual uno quiere pasar el mayor tiempo con el otro lo más cerca posible, es difícil para personas que no son gemelos mantenerse en esa cercanía continuada porque necesitan más espacio propio donde poder sentirse a sí mismos. No obstante, el gemelo solitario sufre la retirada cíclica de su pareja cada vez como un abandono porque le conecta con la gran herida de la pérdida de su hermano. Aquí, la diferencia en el modelo de relación entre ambos hace que experimenten el flujo entre contacto y retirada de manera muy diferente, lo que puede llevarles a un conflicto permanente y en última instancia, a la ruptura.

Este tipo de gemelo solitario se agarra a su pareja por miedo a perder a su ser querido otra vez. Busca una relación fusional y duradera, puede incluso que desarrolle fuertes celos y una necesidad de controlar al otro para evitar de nuevo perder a la persona más querida. Si por esta conducta su pareja se siente agobiada y finalmente se va, le conecta una vez más con su vivencia inicial de la pérdida, lo que reconfirma su guión de vida. Para él es una catástrofe que le hace sufrir muchísimo. También hemos observado cómo este aferrarse a la relación puede llegar hasta el extremo de perpetuar una relación de pareja ya muerta desde hace tiempo, a veces varios años, por la imposibilidad de separarse y despedirse.

En el caso de que el superviviente sea un mellizo que ha perdido a su melliza, a menudo desarrolla tanto el lado masculino como el lado femenino en su carácter, y lo mismo al revés, lo que se puede entender como un intento inconsciente de incluir al hermano perdido. Hay personas en las que este intento incluso puede llevarles a la bisexualidad o al extremo de identificarse más con el sexo opuesto.

Respecto a las personas que tienen una relación con una tercera persona fuera de su pareja o matrimonio, hemos observado en ocasiones a gemelos solitarios vivir relaciones triangulares, con un amante, o incluso llegando al extremo de vivir una doble vida con dos parejas y familias paralelas. Y en estos casos nos surge la pregunta de si la tercera persona en cuestión tiene que representar de alguna manera el gemelo perdido, sin la cual el otro no se siente completo. Igualmente puede ser un intento de vivir la vida de dos: la propia vida y la vida de su gemelo. Otra hipótesis sería que se trata de un trillizo superviviente que inconscientemente busca tener dos relaciones íntimas para revivir su modelo original de relación que le marcó durante la etapa de su gestación.

No obstante, es obvio que el fenómeno de la infidelidad y de relaciones extramatrimoniales no se limita a los gemelos solitarios sino que es bastante común y que además hay fuertes influencias sociales y culturales que, dependiendo del país, hacen que una pareja estable y fiel parezca más bien la excepción que la regla. En este sentido no queremos reducir todo al hecho de ser gemelo solitario sino solamente sugerir que este podría ser un elemento, entre otros, que lleve a algunas personas a vivir este tipo de relaciones.

15

La muerte de un gemelo durante o después del parto

Cuando ambos gemelos nacen y uno de los dos muere durante el parto o en las primeras semanas o meses después, el efecto para el hermano superviviente es prácticamente el mismo como en un gemelo que ha perdido a su hermano durante el embarazo. Se convierte igualmente en un gemelo solitario. El hecho de haber compartido más tiempo juntos les ha llevado a tener una relación profunda y consolidada, lo que le deja sin lugar a dudas una fuerte huella, igual que la posterior pérdida de su hermano.

Esta muerte puede ocurrir en diferentes momentos: poco antes del parto, durante el parto mismo o en algún tiempo posterior. En el caso de que no haya presenciado la muerte de su gemelo muy de cerca, en el vientre de su madre o en la cuna, entonces no llevará la huella que causa esta vivencia dramática como la llevan la gran mayoría de los gemelos solitarios. Habitualmente no conoce la angustia mortal que puede conllevar presenciar este suceso; y tampoco tiene una comprensión innata de la muerte como la tienen algunas personas que han perdido a su gemelo durante el embarazo. En lugar de ello suele sentir una fuerte angustia por la desaparición repentina de su gemelo, que con el tiempo se puede transformar en una sensación de que la vida misma es un lugar inseguro.

Por otro lado, sus padres saben que hubo un parto de gemelos, que han sido dos. Esa información está allí presente desde el primer momento y facilita una comprensión posterior. A diferencia de un gemelo que se pierde durante el embarazo y del que los padres no tienen constancia, aquí lo saben. Generalmente ya avisados por las ecografías, que en España son habituales desde los años 70, se han hecho a la idea de tener dos hijos y en consecuencia han creado un vínculo afectivo con ambos. Al perder a uno de ellos pasan por dos procesos paralelos a la vez: por un lado, hay una madre y un padre que se alegran por su recién nacido, por el otro lado son unos padres en luto, pasando por un proceso de duelo por la pérdida de su hijo. Cuando se trata de una pérdida antes o durante el parto, para el padre puede ser diferente y quizás menos intenso, pues no vive el embarazo en su propio cuerpo. Si la muerte de su hijo ocurre días o meses después, le afecta igual que a la madre.

Sabemos que un nonato o un bebé pasa por un tiempo difícil cuando hay un duelo por la muerte de un ser querido que aflige a los padres, sobre todo a la madre. Esto le afecta durante el embarazo como también en los primeros meses y años de vida; por momentos va a percibir su tristeza o su ausencia emocional. En función de cómo lo lleve la madre y de si este proceso se alarga mucho en el tiempo, llegando incluso a una depresión, esta situación puede conducir a un apego incoherente entre ambos, la madre y su bebé.

En una situación así es importante que la madre y el padre cuiden ambos procesos, el de ser padres de un bebé pequeño y el de ser padres en duelo. Comentarios en su entorno como: 'No llores, alégrate de que te queda un bebé' no les sirven en absoluto. Se trata de poder transitar un proceso de duelo sin perder de vista al hijo vivo y, aunque no se puede hablar de un tiempo fijo, si todo va bien, es habitual que un proceso de duelo dure alrededor de un par de años.

También es crucial que los padres sigan diferenciando entre sus dos hijos, el vivo y el muerto, y que no proyecten al que murió en su hijo vivo. Recibir los nombres previstos para ambos puede ser una fuerte y pesada carga para el hermano superviviente ya que puede suponer el mandato de tener que vivir por los dos. Lo mismo ocurre con comentarios nostálgicos del estilo 'tu hermanito era un ángel, tan precioso', etc., porque de esta manera los padres le idealizan y llevan inherente una comparación en la que el gemelo vivo siempre sale perdiendo.

Asimismo, es de gran importancia si los padres y la familia guardan la memoria del hijo fallecido, dándole un lugar en la saga familiar o si, por el contrario, lo olvidan rápidamente. Cuanto más presente e incluido esté en la familia, más fácil será para el gemelo solitario encontrarse a sí mismo. Si sabe de su gemelo muerto, del nombre que le pusieron y que sus padres le querían y estaban tristes por su muerte, entonces podrá pasar por su propio proceso de duelo y separación. De todas maneras, lo sucedido le ha marcado mucho y seguramente le quede alguna huella cuando llegue a la edad adulta; pero ya habrá recorrido una parte del camino para sanar la herida que le causó la pérdida de su gemelo.

El siguiente relato de Begoña nos habla de lo importante que es reconocer al gemelo muerto y darle un lugar en la familia:

"La foto de mi bautizo siempre me extrañó: me llamaba poderosamente la atención la figura de mi madre, de luto, con gafas oscuras y una expresión de tristeza evidente. Mi padre, a su lado, me parecía que miraba ausente hacia algún otro lugar. ¿No se supone que un bautizo es una celebración?

Cuando ya era adolescente mi madre me contó, casi como una anécdota, que nací melliza. Mi hermana Concepción murió a los dos días de nacer. Ella era pequeña y delgada, yo grande y gordita. Murió de la enfermedad azul. Eso es todo lo que supe, junto con la constatación del Libro de Familia; en la página del cuarto hijo, aparece su nombre y fecha de nacimiento y muerte. Nunca se tuvo en cuenta a mi hermana como parte de la familia, como hija, nunca se hablaba de ella ni de aquel suceso.

Tardé muchos años en dar importancia a este hecho, quizá hasta los 35 aproximadamente continuó siendo una anécdota curiosa también para mí. Poco a poco fui conectando con esa realidad y con sus posibles consecuencias. Fui atando cabos, haciéndome cada vez más consciente de la dimensión que tenía en mi psiquismo, y fui entrando, de forma intermitente y tenue en el duelo por su pérdida.

El gemelo solitario   peter bourquin - carmen cortés

Un buen día envié un mensaje a mis cuatro hermanos comunicándoles el descubrimiento de la importancia que tenía para mí el hecho de haber nacido melliza. Poco después, durante una reunión una de mis hermanas dijo como presentación por primera vez delante de mí: 'somos seis hermanos, pero la hermana melliza de Begoña murió a los pocos días de nacer'. Escuchar ese reconocimiento público de una persona de la familia fue importante para mí.

Entré en una fase en la que necesitaba clarificar este tema, entrar a fondo; discernir qué parte de mi identidad era mía por naturaleza y cual estaba relacionada con este hecho. Sabía que sería un proceso largo y ancho, cada vez aparecía con más nitidez la importancia que esta realidad ha tenido en el núcleo de mis heridas vitales. Seguí atando cabos; vino a mí la comprensión de que había vivido hasta ahora mi relación con los demás y con el mundo partiendo de una desconfianza profunda, del temor a que me hagan daño.

Sentía claramente una división dentro de mí: por un lado siempre he sentido una gran fuerza de vida; el intenso deseo de conocerme y conocer, ahora veo que con un ansia desmesurada, como si no me pudiera permitir dejar pasar ni un instante, como si tuviera que vivir por dos. Por otro lado siempre he sentido también una gran presencia de la muerte como compañera, como descanso, paz absoluta.

Nunca nada ni nadie podrá sustituir a mi hermana. Ella no es mi pareja, no es mi amiga, ni mi compañera de trabajo y la vida no es una carrera hacia aquella intensidad y aquella vinculación primera. Simplemente ella es mi hermana melliza muerta y la vida me miró a mí. Ahora empiezo a sentir que la llevo dentro y es un regalo.

En la medida en que se ha ido desvelando mi realidad, esa desconfianza y esa dualidad entre el impulso de vida y el de muerte se van difuminando, como si dentro de mí se fuera instalando una calma creciente, un lugar más fácil y simple desde el que vivir, en el que ser una y sola no me asusta, en el que haber sido dos me proporciona fuerza".

Begoña

16
Dinámicas similares

No queremos cerrar esta parte del libro sin hablar de dos dinámicas que se parecen al gemelo solitario aunque no lo son.

La primera dinámica puede ocurrir cuando la madre ha tenido un aborto unos meses antes. Al quedarse embarazada de nuevo al poco tiempo, en ocasiones el nuevo bebé puede percibir todavía una cierta presencia del anterior inquilino en el vientre materno. No sabemos si esta percepción se transmite al bebé más bien por las propias vivencias y recuerdos reactivados de la madre, si su matriz misma actúa como un campo de memoria que guarda este recuerdo reciente en su memoria celular, como especulan algunos investigadores, o si ocurre de otra manera. Pero lo que hemos observado es que para la persona en cuestión, cuando entra en estados regresivos que la llevan a la etapa intrauterina, parece que haya un recuerdo intrauterino de otro hermano y esta percepción le puede causar una sensación de inquietud e inseguridad. No obstante, no comparte las demás secuelas propias de un gemelo solitario; en su caso solo ha tenido un hermano mayor que no llegó a nacer.

La segunda dinámica es más frecuente. En el capítulo 'Huellas en la psique' hemos escrito que cuando la madre o el padre son gemelos solitarios, pueden desarrollar un vínculo especial con uno de sus hijos, con quien experimentan una cercanía y unión que refleja la relación que tuvieron con su gemelo. Y esto puede llevarles a desarrollar incluso un fuerte miedo a su pérdida o a verse separados de él, como si inconscientemente temieran que la historia fuera a repetirse. Al no poder distinguirles emocionalmente, ya que no tienen consciencia de su gemelo perdido, su hijo tiene que representar a este y llenar su hueco, lo que se manifiesta en una relación estrecha con su madre o padre.

Esta identificación completamente inconsciente con el gemelo de la madre o del padre hace que, de alguna manera simbólica, se reviva esta relación, aunque con el actor equivocado. Esto puede llevar al niño a desarrollar sentimientos parecidos a los de un gemelo solitario. Se podría decir que conoce el rol de gemelo, sin serlo. En consecuencia le van a parecer familiares algunas de las huellas descritas en los capítulos anteriores. Pero su forma de relacionarse con los demás sigue siendo desde el modelo de un no gemelo porque no lo es.

Para cerrar este capítulo queremos ilustrar esta dinámica con el siguiente testimonio:

"Desde que Peter me habló, hace ya unos años, del concepto de 'gemelo solitario', me he sentido ligada a ese destino humano en el que se ha experimentado la presencia de otro ser durante la gestación, se ha vivido su pérdida o bien durante la gestación o en una fase temprana de la vida y en el que aparece de manera intensa y crónica el anhelo o la búsqueda, más o menos consciente, de sentirse completo de nuevo. Curiosamente, al igual que me siento sensible ante este destino y las dinámicas implicadas, nunca he sentido que yo fuera gemela superviviente. Poco a poco me fui dando cuenta de que aunque yo no lo fuera, sí me encontraba inmersa en una dinámica complementaria: la de hija de una persona que siente que le falta algo desde siempre, algo más que una parte o aspecto de sí misma, un alter ego con entidad propia a pesar de no conocerle conscientemente.

Mi madre se ha esforzado por dos en el trabajo, en la familia y en sus relaciones de amistad. Incansable y entregada sólo paró para comenzar a mirarse y cuidarse cuando con 46 años tuvo una experiencia cercana a la muerte. Por otra parte, solo ahora, en estos últimos años, la he visto disfrutar algo más de la vida y de sí misma. Igual que la conocí esforzándose el doble, en mi recuerdo mi madre siempre ha disfrutado la mitad, no con queja, ni siquiera con resignación, sino simplemente la sensación de disfrute pleno no formaba parte de su repertorio de experiencias posibles o de su construcción afectiva y mental propia.

También recuerdo a mi madre comprando, queriendo o sin querer, por doble. Si unos zapatos le resultaban cómodos compraba otro par igual, por si acaso no volvía a encontrarlos cuando se estropeara el primer par. También, sin que fuera voluntario, resultaba relativamente frecuente que se encontrara con dos ejemplares de un mismo libro, un mismo disco o una misma película. Fuera porque no se acordaba que lo tenía, fuera porque le regalaban otro igual y no lo cambiaba ni decía nada, la cuestión es que a veces las estanterías de casa parecían salidas de un cuento de Lewis Carroll.

Cuando, de pequeña, quería adoptar una mascota en casa –gatitos encontrados, perros abandonados, golondrinas caídas del nido y un largo etcétera– sabía que no podía preguntar, que la única manera de obtener la respuesta afirmativa era que mi madre viera al cachorro o al bicho desamparado. Ante la necesidad de un ser vulnerable todas las defensas y criterios racionales se derretían y mi madre acogía al ser indefenso que su parte racional, y sensata puntualizaría ella, jamás hubiera permitido. Mi madre se transforma con los bebés, muestra una paciencia y una ternura que no aparecen en otros ámbitos de su vida. Los bebés también se transforman con ella, consigue calmar hasta al bebé con el cólico más recalcitrante. Incluso aquellos que la acaban de conocer, como los nietos de las amigas, se duermen plácidos en sus brazos.

Todos estos aspectos no me hubieran llamado la atención si no fuera porque me encontré en consulta con una mujer que llevaba casi veinte años escribiendo una tesis interminable. No se compraba una casa porque tenía la tesis pendiente, no establecía relaciones de pareja porque tenía la tesis pendiente, no se iba de viaje porque tenía la tesis pendiente... En definitiva, en su discurso aparecía una incapacidad de vivir plenamente porque tenía la tesis pendiente. Al explo-

rar su genograma lo que más me llamó la atención es que su madre tenía una hermana gemela que había muerto al poco de nacer. La frase que surgió durante el trabajo fue "querida mamá, yo como tú me siento incompleta". Este encuentro me dio que pensar: ¡yo tenía dos tesis sin acabar!

Comencé a valorar las peculiaridades de la relación con mi madre desde un nuevo prisma. Siempre me he llevado muy bien con mi madre, no tanto como hija o como amiga, sino más bien como una relación fraterna en la que ni siquiera tendría el rol de hermana menor sino más bien 'de igual a igual'. Siempre he admirado y querido a mi madre, pero sólo ahora, que me he dado cuenta de que no puedo sustituir a la hermana que no disfrutó, a mi tía, es cuando me puedo sentir hija de mi madre.

De todos los aspectos que he observado en mi madre y que podrían considerarse más o menos característicos de un gemelo superviviente, algunos los he heredado yo. No sé si se transmitieron desde el modelado o a través de la dinámica subyacente de 'yo como tú', la cuestión es que frecuentemente me encuentre con prendas de ropa y libros duplicados; tampoco me puedo resistir a la vulnerabilidad de bebés recién nacidos y cachorros; por circunstancias variopintas he acabado con doble perfil en casi todas las redes sociales —dos dominios web, dos direcciones gmail, dos páginas facebook... ¡también como mi madre!; y muy significativamente el nombre que utilizo habitualmente es con el apellido de mi madre delante. Lo que en un momento parecía un tema práctico y un acto de reivindicación matriarcal, visto desde esta nueva perspectiva fue afianzar, incluso socialmente, la dinámica de 'hermanamiento' con mi madre.

Conocer los aspectos ligados al destino de un gemelo que ha sobrevivido a su hermano, me ha dado un mejor lugar en la relación con mi madre y con la vida".

María Consuelo Sánchez

Tercera parte
Testimonios

"Cuánto te amo
aunque en mis versos seas innombrable
estás presente en cada milímetro de tinta
en cada gesto de mis manos
al trazar palabras contra el blanco

Trazar palabras...
trazarlas en el aire
dejarlas escapar por la ventana
para que vuelan
para que vayan
ellas ya saben dónde
a ti, que no apareces en mis versos
a ti, que iluminas mis silencios"

Jorge Larena[*]

* De su libro 'Versos anormales'; Mandala & LapizCero; 2010.

El gemelo solitario peter bourquin - carmen cortés

En esta parte del libro hemos querido abrir un espacio para que medio centenar de personas de entre 7 y 70 años pueda dar testimonio de sus vivencias como gemelas solitarias. Gracias a su gran variedad y a la honestidad con que todas ellas se han expresado, estas experiencias personales muestran mucho mejor las huellas y posibles consecuencias en las personas afectadas de lo que un texto informativo o científico por sí solo podría hacer. La mayoría de ellas ha participado en alguno de los 'talleres de sanación para gemelos solitarios' que estamos ofreciendo desde el año 2008.

Para facilitar su lectura, hemos estructurado estos testimonios en capítulos que tratan diversos aspectos de la vida. Queremos expresar una vez más nuestro agradecimiento a todas y a cada una de las personas que han contribuido con su relato y nos han dado el permiso para incluir sus palabras en este libro. Únicamente añadir que, a fin de proteger su privacidad, se han cambiado los nombres.

17
Descubrimiento

Para muchas personas el descubrimiento de que son gemelos solitarios, con todo lo que eso ha supuesto en su vida, marca un antes y un después.

Algunos pocos lo han sabido desde siempre, ya sea por las circunstancias de su parto –como el nacer junto a un gemelo muerto o la aparición de una segunda placenta– o por otras circunstancias. Aun así, para las personas en esta situación, lo que suele suceder es que, aunque esta información haya estado siempre disponible, se ha quedado en una anécdota sin aparente importancia. De todas maneras, estos casos son significativamente muchos menos. Tal como decíamos en los primeros capítulos del libro, la inmensa mayoría de las pérdidas en un embarazo múltiple ocurren durante el primer trimestre de la gestación y no suelen dejar rastro, por lo que ni la madre ni nadie de la familia tiene conocimiento de ellas a no ser que se haya visto en una ecografía temprana.

Así, para la gran mayoría de gemelos solitarios este descubrimiento ocurre mucho más tarde en su vida, en la edad adulta y generalmente en un contexto terapéutico, cuando intentan resolver ciertas dificultades que se les presentan. Para ellos supone un descubrimiento de gran relevancia, pues lo que antes eran vivencias y sentimientos inconexos y sin explicación, ahora, gracias a esta pieza crucial del puzzle, de golpe cobran sentido. A la vez este momento marca el inicio de un proceso de integración y sanación que requerirá su tiempo.

El gemelo solitario peter bourquin - carmen cortés

"Soy una persona sensible y me doy cuenta de que a lo largo de mi vida he atravesado por momentos de soledad, de tristeza, de encontrar mi sitio en el mundo, de añorar algo... Ahora, en esta etapa de mi vida cuando descubro que soy gemela solitaria es cuando también descubro que tengo todo lo que una persona desde fuera podría ver como lo ideal: una pareja que considero es el hombre de mi vida, unos padres maravillosos, unos abuelos por los que doy gracias, una casa donde vivir, un coche, amigos que me quieren y una profesión que me apasiona... pero siempre aparece un miedo imaginado, una pena en forma de sombra, una culpa, un algo falta...

Cuando descubrí que era gemela solitaria, sentí que por fin empezaba a entender algo sobre mis sentimientos más profundos, aquellos que por más explicación que buscaba no se la encontraba. Las primeras semanas tras el descubrimiento sentía una enorme calma, orden en mi vida y por primera vez sentía que tomaba las riendas de mi vida. Pero a las pocas semanas todo se volvía a mover haciendo que algunos sentimientos de soledad, tristeza y culpa volvieran a visitarme.

Tengo la impresión de que mi vida como gemela solitaria funciona por ciclos. Hay semanas de pura calma, todo fluye con equilibrio, no tengo miedo a nada y me siento fuerte. Entiendo a mi pareja, veo un futuro, me siento alegre y segura. Sin embargo, llega un día y el mundo se pone al revés, me siento triste, busco discutir con mi pareja, me culpo por mis comportamientos, tengo miedo a la muerte de algún ser querido o incluso a que mi pareja me abandone y cosas que a veces ni yo entiendo".

Belén

"Hice una Constelación donde se constataba que en mi relación de pareja había como un problema o más bien una dificultad para el compromiso; al sacar dicho problema resultó ser mi gemela, la que no conocí pero hacía tiempo que intuía que había existido; la vi, la reconocí, la incluí con amor y curiosamente ha supuesto un alivio para mi alma. Desde ese día ha desaparecido la soledad o más bien la deso-

lación que me acompañaba siempre; parecía como que mi vida era difícil y complicada; ahora me siento acompañada en todo momento, feliz y siento su energía apoyándome y ayudándome tal y como en la Constelación me dijo '... que siempre había estado ahí conmigo esperando que la reconociera y cuidándome en todo momento'. Durante muchos años me sentía desvitalizada, cansada en exceso y constantemente con sueño, agotamiento; en estos días dichos síntomas han desaparecido, me siento con una energía desconocida para mí pero muy agradable, muy vital y lo más sorprendente es que los caminos se me están abriendo en todos los aspectos; ahora la vida me está resultando sencilla, por supuesto contando con su ayuda en cada momento, la de mi querida hermana gemela que ahora llevo muy dentro de mí, en mi corazón, y lo que durante años fue como un peso o una carga en mi vida por mi desconocimiento de la situación, ahora es una gran fuerza y me siento muy agradecida por ello".

Mariam

"Nací en un hospital público de la ciudad de Mar del Plata. La anécdota cuenta que llegó el momento del parto, que fue muy doloroso, nació una niña de 1.900 Kg y cuando esperaban la placenta, de esta bolsa uterina, apareció otra bolsa con otra niña que tardó en nacer unos 20 minutos más, y por fin salió con un peso de 1.100 Kg. para la sorpresa de todos el parto había sido de mellizas. Fuimos llevadas a la incubadora por ser parto prematuro (8 meses) y por nuestro peso. Hasta ahí parece todo normal y sorpresivo. El caso es que a los 15 días mi hermana muere.

No se lo comunican a mi mamá ni a nadie de mi familia según los dichos de mi abuela por piedad y para que a mi madre no se le retirara la leche, hasta que a los 30 días, un médico por descuido pregunta por qué se murió la otra nena. Allí mi madre se entera y entonces dice que a ella le "parecía" que algo había pasado.

Las enfermeras seguían con la rutina de traerle las bebés cada tres horas, cada una a su turno por un mes, para que les diera de mamar, y ella notaba que la segunda comía menos. Esa era yo; en realidad me traían a mí las dos veces. Hasta que se enteró.

Esta es la absurda historia familiar de mi nacimiento.

Mi sensación toda la vida fue de culpa por esa muerte, me he preguntado muchas veces por qué murió ella y no yo.

He vivido momentos de intensa desolación.

He tenido por muchos años un profundo anhelo de comunicación. Por características personales siempre me ha gustado saber e investigar en lo 'oculto', y entonces he trabajado este tema con diferentes técnicas para saber más, esto es, canalizaciones, regresiones etc., que no me han aportado mucho, hasta que hace dos años trabajé con una terapeuta con técnica gestáltica mi nacimiento y parto, y allí por fin comprendí muchas cosas.

Pude sentirme en el parto, y pude sentir lo que fue la muerte de ese ser para mí. Pude verla ponerse azul al lado mío, y pude percibir su sufrimiento. También comprendí mi inmensa desolación al momento que se la llevaron de mi lado.

Y también comprendí el porqué de este profundo anhelo de comunicación. Yo la tenía con ella en la panza, nos comunicábamos bolsa a bolsa y conocíamos los estados nuestros y de mi madre. Nuestra relación era muy hermosa. Al perderla sentí un profundo dolor que no pudo ser contenido por mi madre, ya que ella seguía en su mundo con 'dos nenas'.

Esta sensación de que mi madre no comprendía mi sufrimiento la tuve siempre desde muy chiquita y nunca había entendido el porqué. A partir de esta experiencia me he aliviado mucho y parece que por fin se cerró".

Silvia

18
Infancia

Muchos gemelos solitarios tienen recuerdos de su infancia en que se ven tristes y solos. Esto aun en el caso de que estuvieran en medio de una familia numerosa. Hablan de la añoranza y el deseo por tener un hermanito, de la estrecha relación con su peluche favorito o de un amigo invisible. Algunos tenían un amigo o amiga muy especial o se sentían atraídos por compañeros de clase que eran gemelos.

Varias personas nos contaron que de pequeñas pasaron por graves enfermedades que amenazaron su vida. Otros se retiraban a un mundo interno al que nadie más tenía acceso y se sentían alejados de su familia, como si no pertenecieran a ella.

Lo que también nos muestran estos recuerdos tempranos es que los niños pequeños, quizá hasta los cinco años, de alguna manera recuerdan la existencia del hermano desaparecido. Mucho de ese recuerdo no es del todo consciente pero se manifiesta en el sentir y actuar del niño. En sus juegos y fantasías lo pone en escena una y otra vez. Más adelante, en el capítulo 'Niños que son gemelos solitarios' veremos con mayor detalle cómo se muestra en el comportamiento de los niños pequeños el hecho de ser gemelo solitario.

"En mi niñez temprana –quizás entre los 2 y 5 años– siempre conversaba con personas imaginarias. Me encontraba sola. Y tenía unas añoranzas casi insoportables por tener a un hermanito. Mi madre me animaba a colocar unos trocitos de azúcar encima de la repisa de la ventana, asegurándome que esto era para la cigüeña que me iba a

traer este hermano anhelado. Yo lo hice durante una temporada lar-
ga pero claro, este hermano no venía nunca, lo que me producía una
enorme desilusión.

Desde entonces evito las alegrías anticipadas en vísperas de un
acontecimiento, y si a caso a veces las tengo, se puede estar seguro
que ese acontecimiento fallará o será perturbado de alguna manera".

Daniela

"Criarme no fue fácil para mi madre, rechazaba el pecho y los bibe-
rones solo los tomaba cuando dormía. Lloraba muchísimo e incluso
recuerdo a mi vecina decirme un año, a la vuelta de unas vacaciones:
"¿ya no lloras?" o algo parecido. Mi madre siempre cuenta que había
días que iba detrás de ella llorando sin más. Alrededor de los cuatro
años encontré a mi amiga invisible, Mª Sol. Yo sabía que todos se
reían pero yo era feliz con ella... no les entendía.

Por otro lado, siempre sentí que yo no pertenecía a la familia,
que yo era adoptada. Siempre estuve en mi mundo, los profesores
se preocupaban porque no me relacionaba con los demás niños, yo
estaba tranquila y me esforzaba por relacionarme para que no se
preocuparan. La tristeza siempre me ha acompañado e incluso el
llanto, sin saber realmente qué era lo que tanto me dolía".

Elena

"Jacobín era un perrito de peluche de color blanco con las orejas
marrón claro. Rectifico, no era 'un' peluche cualquiera, era 'mi' pelu-
che. De hecho era mucho más que mi peluche. Jacobín me acompa-
ñó desde mi primer año de vida hasta los 37 años. Para mí era quien
me acompañaba a casi todo, excepto al colegio porque en un colegio
de monjas como al que yo iba jamás me hubieran dejado entrarlo. Tal
y como yo llegaba a casa lo iba a buscar y me lo colocaba siempre
bajo mi brazo izquierdo de manera que, ya que soy diestra, podía rea-
lizar cualquier cosa con él en mi brazo. Una vez yo entraba en casa y
me 'calzaba' a Jacobín, lo hacía todo y digo 'todo' con él ahí colocado.

Yo jugaba con él a modo de perrito de compañía, hablaba con él, veía la tele con él, e incluso, si mi madre no se oponía, comía con él. Y sobre todo, dormía con él cada noche. Es más, si algún día llegaba la hora de dormir y no lo encontraba, todos los miembros de mi familia se movilizaban para encontrarlo. Me lo llevaba de viaje, y hasta un día, ya algo mayorcita, me llevé dentro de un bolso a una discoteca del pueblo de mis padres donde solía ir a veranear.

Jacobín era uno más de la familia, formaba parte de ella y por supuesto de mi vida. Nos habíamos fusionado casi en una sola persona. Insisto, Jacobín, mi perro de peluche, era más que un peluche; no entraba en la categoría de juguete en mis esquemas; era un anexo mío. Yo necesitaba compartirlo todo con él.

El gemelo solitario peter bourquin - carmen cortés

Jacobín duró hasta los 37 años, como ya he dicho. Fue entonces cuando pude dejarlo marchar, dejar que transmutase. Jamás pude tirarlo a la basura ni destruirlo. Siempre me preguntaba qué pasaría con Jacobín cuando yo muriese. Conseguí dejarlo al lado de una papelera pues no podía hacer el gesto de tirarlo. Creí que tal vez a alguien le hiciera gracia y lo cogería. Caray, ¡aún me emociono al recordarlo! En aquel momento y tras 36 años de compañía, supe que nuestra relación ya había acabado. Mi pequeño perrito Jacobín ya no olía como antes; ahora solo olía a polvo, un olor que ya no me era familiar ni me acogía. Porque una de las cosas que más me mantenían cerca de él, era su olor, necesitaba olerlo. ¡Olía tan bien! Era un olor especial que solo tenía él. Dormí con él cada noche de mi vida hasta los 26 años. Fue entonces cuando conocí al hombre que fue mi pareja durante once años y medio y con el que tuve dos preciosos niños.

Curiosamente Jacobín era un nivelador de empatía para mí. No fallaba jamás. Todo aquel a quien yo quería, Jacobín les parecía encantador. Cuando mi pareja apareció, Jacobín pasó de estar compartiendo mi cama a estar a un lado de la misma (mi pareja sentía un profundo cariño y un tremendo respeto por él). Yo misma fui apartándolo y recolocándolo; hasta que llegué a guardarlo. Ese fue el momento en que sustituí a Jacobín por otra persona; nada menos que la persona a la que más amaba y que fue durante casi dieciocho años mi gran amor.

Tras mi ruptura sentimental, mi relación con Jacobín había cambiado. Fue entonces cuando me di cuenta de que ya no necesitaba la figura de Jacobín. Aquel vacío que antes llenaba, pasó a llenarlo mi pareja; y tras su marcha, Jacobín ya no conseguía llenarlo.

Jacobín era otra cosa diferente a un amigo. No era mi amigo imaginario; era parte de mí; él lo sabía todo sobre mí, sobre mis vacíos, sobre mi soledad, sobre mis deseos, sobre mis sueños. Siempre estaba a mi lado y yo sentía que él me sentía a mí. Era aquello que completaba mi soledad; era aquello que llenaba mi vacío. Jacobín era mi eterno acompañante; mi compañero del alma; me completaba. Lo llevo siempre en mi corazón, muy cerquita de mi brazo izquierdo".

Francina

"Desde pequeña me sentía muy sola, parecía que me faltaba algo; era un sentimiento de que no pertenencia a mi familia, parecía como si unos extraterrestres me hubieran soltado en la tierra y ellos no eran mi familia. En mi familia siempre hablaban de que me iban a llamar Esther; y al final me llamaron Olga y no saben por qué, mi madre no lo recuerda, dice que cree que estando bajo los efectos de la anestesia, había alguna enfermera que se llamaba Olga y por eso me puso ese nombre. Yo siempre he creído que Esther era mi gemela. Mis padres decían que venía con un gemelo niño, y yo siempre he sentido que era una niña, porque la misma placenta es el mismo sexo. Mi padre decía que yo le había absorbido la fuerza a mi hermano y por eso había sobrevivido, y eso me hacía sentir mal y culpable.

De pequeña y en mi adolescencia siempre tenía una 'mejor amiga', pero no un grupo de amigas, me sentía mucho más cómoda y aún ahora cuando las relaciones son 'a dos'".

Olga

"Recuerdo un amigo que de repente tuvo unas hermanas gemelas, ¡Dios mío, qué envidia me daba aquella familia!

Hasta los doce años siempre les pedía a mis padres que tuviesen otro bebé, que quería tener un hermanito, aunque lo que más me hubiese gustado hubiese sido tener un hermano gemelo, no me importaría que fuese niña, pero preferiría que fuese niño, me llevo mejor con ellos.

Cuando veía un cochecito gemelar por la calle, incluso ahora de mayor, no puedo evitar darme la vuelta y sonreír, ¡me encanta!".

Daniel

El gemelo solitario peter bourquin - carmen cortés

"En el tiempo que pasaba a solas, que recuerdo abundante, hablaba conmigo misma y soñaba/hablaba con una hermana gemela. Yo lo tomaba como un juego más, y además mitigaba mi sentimiento de soledad, al menos en mi imaginación. Recuerdo haberle hablado de ello a mi madre. Y recuerdo que fantaseaba durante horas con la mágica posibilidad de que esa hermana gemela que yo anhelaba, se materializara en cualquier momento. Entonces seríamos inseparables compañeras de juegos y yo dejaría de sentirme sola.

En mi adolescencia escribía mi diario dirigiéndome a una amiga imaginaria llamada Aránzazu. Incluso cuando me abrí mi primer correo electrónico, ya con más de 40 años, me puse Arantxa, diminutivo de Aránzazu".

María San Juan

"Cuando era una adolescente me empeñé en que tenía que tejer un jersey de bebé, sin tener a quien regalárselo, solo para aprender... ¡y no tenía mucha idea de tejer! Me compré una revista y siguiendo las instrucciones hice un jersey de perlé y angora blanco precioso, con su gorrito y los patucos, me quedó tamaño recién nacido prematuro y allí se quedo en casa, mi madre se lo enseñaba a todas las visitas, ahora me doy cuenta de para quién era".

Sara

"Cuando yo era pequeña estaba convencida de que en el otro lado del mundo vivía alguien que era exactamente igual que yo y que cuando yo fuera mayor iría a buscarla, ¡lo recordé hace poco!

Los gemelos siempre me llamaron la atención y ¡mi primer novio tenía un hermano gemelo!

Tengo que contarte algo: Duermo desde pequeña con una almohada, al principio era grande, ahora es más pequeña, viajo con ella, si no la tengo duermo fatal, me la pongo en las lumbares, de otra manera me resulta muy difícil dormir".

Renée

19
Sentimientos

Tal como hemos expuesto anteriormente en el capítulo 'Las huellas en el sentir', hay unos sentimientos de fondo que son muy típicos de un gemelo solitario y que le acompañan desde pequeño a lo largo de su vida. Estos viejos compañeros sentimentales pueden ser la soledad, la melancolía, la tristeza, que puede llegar hasta la depresión, la ira, la culpa, y la añoranza por algo que se ha perdido, dejando un vacío enorme. El sentimiento de que algo falta puede llevar a la persona a una búsqueda incesante en su vida.

La mayoría de gemelos solitarios son bastante empáticos, con finas antenas que perciben mucho de lo que sienten las personas a su alrededor. Pero también hay unos pocos que se han distanciado de su sentir lo más posible, consecuencia de una fuerte disociación en un intento de protegerse del dolor. Algunos conocen cambios abruptos de ánimo sin causa aparente, así como "la angustia de saber que la felicidad es el preludio de la agonía", como lo expresa una persona en su relato.

En los testimonios que siguen se expresan sentimientos y melodías emocionales diversos; además, en algunos de ellos se aprecia de forma muy tangible la fuerza del impacto y la dificultad consiguiente que algunas personas encuentran en su día a día como consecuencia de esta primera pérdida.

"Siempre he tenido ese sentimiento de soledad y de añoranza y la tendencia a aislarme y meterme en mi mundo... el sentimiento de culpa, sin saber muy bien por qué... y he pasado por épocas muy depresivas.

El gemelo solitario peter bourquin - carmen cortés

A nivel más anecdótico, de pequeña siempre iba con mi muñeca favorita y casi siempre me hablo a mi misma en plural, por ejemplo: "vamos a hacer esto" o "¿qué comemos hoy?", y siempre he tenido alguna amiga con la que ir a todas partes. Todavía me da un poco de vértigo hacer cosas sola aunque ya me resulta mucho más fácil que antes".

Esther

"Después del taller, el sentimiento que guardaba siempre de que no había nada completo, de que siempre me faltaba algo, ha desaparecido. Sin embargo, encuentro sentimientos encontrados difíciles de explicar. Ya no siento que él nos cedió su puesto o sacrificó su vida pero sí me causa un sentimiento de angustia. De todas formas nuestro caso es diferente porque somos tres, hay una melliza viva. Con Juana siento que también hay un cambio en la relación, de menos dependencia de cada una de la otra".

Marta

"Es una sensación de tristeza y añoranza que yo no recuerdo qué la generó. Siempre he tenido la ilusión de tener una pareja saludable y formar una familia, quiero tener hijos y compartir mi vida en pareja pero esto precisamente me cuesta mucho trabajo. Me cuesta entregarme y abrir mi corazón y, si lo abro, me entrego con todo y esto a veces inunda al otro o le asusta y se va. Entonces me cierro y elijo estar sola, con una sensación de 'es inútil'.

A veces, con la ilusión de encontrar a mi alma gemela, me muevo y busco por el mundo y pienso: sé que por ahí estarás y te deseo todo bien; así hablo con él, jajaja. Evidentemente son ilusiones. Hoy recuerdo una vez que estaba con un novio y aun a su lado sentía una tristeza y añoranza indescriptible. Me gustaría quitarme ese sentimiento de depresión, pues es como un péndulo, va y viene, sin una felicidad permanente".

Marisol

"De mi experiencia como gemela solitaria te puedo decir que lo primero que me viene precisamente es el sentimiento de soledad, y también la sensación de haber hecho algo malo, tan malo que ni siquiera puedo recordarlo".

Sara

"Pensar en mi condición de gemelo solitario es pensar en la esencia de mi propia vida, creo que desde que lo supe no he hecho otra cosa... bueno sí, he vivido. Gemelo, ser gemelo, cuantas cosas se explican con esa palabra. Y solitario, no es el mejor complemento para gemelo, pero desde luego, es determinante. Ahora que sé, las cosas son distintas. Tal vez eso sea lo mejor de todo: saber. Mi hermana, Luz la llamo, murió pero su espíritu ya estaba en mi interior. Durante años solo percibía el eco de su ausencia, el abandono, el adiós inesperado, el dolor y la angustia de saber que la felicidad era el preludio de la agonía. El miedo, la tristeza inútil e inexplicable. La rabia, ira controlada devorándolo todo. La búsqueda a ciegas, la extraña sensación de vivir en falso, de sentir que algo no cuadraba en la normalidad aparente...

Pero saber puso fin a todo eso. Saber le dio su verdadera dimensión a la vida –mi vida. Ahora comprendo mi dualidad, ahora exploro sin miedo, comprendiendo lo que anida en mi interior, ahora soy feliz y camino sin angustia confiando en que cada día seré un poco mejor, un poco más capaz, un poco más libre... Así que ahora agradezco el hecho de estar en la vida, convivo con la esencia de Luz y doy cuanto puedo dar, recibiendo cuanto puedo recibir".

Jorge

"El tema culpa es un gran problema en mi vida; a pesar de tener una vida bastante buena, exitosa, muy correcta, siempre me siento culpable, ya sea de tener la vida que tengo o de lo que le pasa a mi familia o lo que sea; las culpas me pesan tanto que no me permiten avanzar como quisiera en la vida. Sobre todo en los últimos años

me siento muy cansada, mental y físicamente pero ¡mucho! Siento que arrastro una carga y que cada vez más se me hace imposible de sobrellevar. Cuando era más joven con el entusiasmo, o lo que sea, me era más fácil, pero ahora no sé qué me pasa, pero las depresiones pasajeras son cada vez más frecuentes en mi vida. Antes me sentía una persona más fuerte pero me voy como debilitando. Constantes cambios abruptos de ánimo, puedo estar feliz y al minuto sentirme la más infeliz de mundo. Son cambios muy fuertes y rápidos que me desgastan y me hacen difícil el camino para seguir con mis proyectos, una lucha constante".

Ana

"Todo esto te lo cuento desde el intelecto, me cuesta dejarme llevar y sentirlo. A menudo creo que me resulta tan doloroso que prefiero mantenerlo escondido; otras veces pienso que soy muy fría y que en realidad no siento nada. Observo en mí mucho miedo a dejarme desbordar por lo que pueda surgir. ¿Soy insensible o intento creerlo para no sentir?"

Maite

"Para mí, ser gemela solitaria es como estar dividida… siento que necesito ocupar mucho espacio y cuando lo ocupo siento una tremenda vergüenza por ser quien soy y culpa por disponer de él.

Durante muchos años ha sido como si pasara de puntillas por la vida y aunque me ocurrían muchas cosas, yo estaba muyyyyy lejos… como si 'el exterior' como yo lo llamo, estuviese lejano, lejano, lejano…

Para mí la tristeza ha sido la emoción básica de mi vida, aunque he aprendido a disimularla muy bien; aparentemente soy una persona muy sociable y extrovertida, lo cierto es que también eso es verdad, es como tener dos polos extremos viviendo en mí…

Mi estrategia para remontar 'los bajones' ha sido la acción, hacer y hacer cosas, proyectos, siempre he tenido una energía desbor-

dante, prácticamente inhumana, que luego ha pasado factura por rachas a mi cuerpo.

Sentirme diferente y pasar a dos estados de un día a otro, o me sentía el ser más maravilloso del mundo o el bicho más horrible del universo, pero mi capacidad camaleónica para mantenerme oculta no ha dado muchos problemas en el entorno con respecto a este asunto...

La empatía es una virtud/problema, me ayuda en algunas cosas pero a veces es un ROLLO, me siento como el vampiro de la peli 'Crepúsculo', que puede sentir lo que otros sienten, eso a veces me dificulta lo de los límites entre otros y yo y me cansa demasiado, por eso necesito periodos de reposo, de retirada y me voy a dormir... La parte positiva es que puedo comprender sin juicios a otro humano".

Mercedes

"Recuerdo que yo era reconocida como inteligente, destacaba entre mis compañeros pero no me producía ninguna emoción; yo solo prestaba atención a mi soledad y a mi dolor. Estudiaba poco, obtenía buenas notas y poco más; el resto del tiempo lo empleaba en estar a solas y en leer, un libro era mi refugio. Los personajes de un libro no podían fallarme, allí yo podía controlar.

No sé si fui una niña y una adolescente deprimida, hacía lo que tocaba, echaba una mano en casa, cuidaba de mis hermanos cuando me lo pedían pero no recuerdo que ello me gustara o me molestara, simplemente lo hacía...

No me he enamorado nunca pero sí que sentía una fuerte necesidad de ser querida, de encontrar a alguien sencillo y noble a quien... ¿'poder confiarme'?

Lo encontré y nos casamos y me quiso pero ¿supe quererle yo?

Escribiendo me digo que he sido una muerta viviente, sin pasión, sin interés...".

Maite

20
Sueños

El mundo de los sueños es fascinante. En ellos se manifiestan nuestras experiencias y procesos internos, tanto conscientes como inconscientes. Por eso no es de sorprender que ya Sigmund Freud les diera tanta importancia.

En alguno de estos relatos de sueños la presencia del gemelo aparece con claridad, en otros está implícita, como en el caso de los vehículos. También es interesante que los sueños relatados aquí han ocurrido tanto antes como después de saber de la existencia del gemelo. Ello nos muestra que los sueños son más que un reflejo de nuestras vivencias actuales, son además otro canal de memoria del que disponemos los seres humanos.

Nos llama la atención que varias personas cuentan haber tenido pesadillas recurrentes en su infancia temprana. Los padres de niños pequeños con pesadillas podrían encontrar aquí una indicación valiosa de una posible causa.

Por otro lado, en el relato de algunos adultos se pone de manifiesto un mundo onírico detallado y rico, que incluso ilustra su proceso de sanación.

"De pequeño tenía pesadillas y me abrazaba a un peluche repitiéndome que estaba a salvo, y si aun así volvía a tener pesadillas, intentaba hacerme invisible dentro de mi sueño, eso lo recuerdo muy bien".

Marc

El gemelo solitario peter bourquin - carmen cortés

"De pequeño he tenido muchísimas pesadillas hasta los dos años, mi madre estaba ya asustada porque cada noche me despertaba gritando, pero al no hablar aún, nunca supimos qué eran esas pesadillas. Desaparecieron antes de que hablara lo suficiente para explicarlas. Luego siempre he sido muy solitario, me bastaba a mí mismo para jugar, viviendo un mundo de imaginación con amigos 'virtuales' y demás y muy a menudo me he sentido acompañado en mis 'aventuras'".

Tomás

"Estoy conmigo desdoblada en otra yo... con mi hermana gemela, será. Somos físicamente idénticas, las facciones iguales, el tamaño del cuerpo, el color del pelo, el peinado e incluso vestimos el mismo anorak rojo (un anorak que compré hace años y me pongo muy a gusto porque me recuerda a uno que tenía cuando era niña y al que le tenía mucho cariño igual que a este). Vamos andando a paso ligero cogidas de la mano por un andén del metro como los de antes, de baldosas blancas y grises. Aunque somos hermanas iguales, nuestra actitud es diferente. Hay armonía entre nosotras pero claramente yo soy la 'mayor', soy la que la lleva de la mano, la que sabe el camino y hacia donde vamos. Yo ando más decidida, más segura, corporalmente más recta, estoy contenta y me enternece la inocencia y la 'ignorancia' de mi hermana; es una niña; yo, ya no. La miro protectora y pendiente de que siga el ritmo y ella se deja llevar, está tranquila y confiada. Camina encogida, más vergonzosa que yo, un poco tontorrona, como una niña imitando a una viejecita de cuento, y cuando la miro para observar si se siente bien, me mira y sonríe con cara de pilla. Sé que ella es 'diferente', 'extraña', que nunca será la primera en nada, pero la quiero mucho porque es única y sobre todo porque es 'familia', de mi carne, de mi misma sangre, de mi tribu... me identifico con su olor, su calor, porque ¡soy yo en otra!

¡En esa mirada hay tanto! Hay una complicidad inquebrantable a pesar de los demás y de lo que sea, hay: 'yo te reconozco, no estamos solas, nos tenemos la una a la otra'. Y siento que, aunque a

veces la siento como un lastre, también soy afortunada por tener esta unión tan especial y que sin ella yo no podría ser yo y que la quiero mucho, mucho.

Empezamos a subir la escalera de la salida hacia la calle. Sé que la llevo a algún sitio para dejarla allí, para que la cuiden, me da un poco de pena pero siento que estará bien... que ha llegado el momento de separarnos porque yo debo seguir sola, sin ella. Ella no puede crecer más y yo sí y ya no me da miedo, porque yo quiero vivir MI VIDA".

Marta

"Cuando llegué a casa tomé la decisión de contarles a mis padres parte de lo que constelamos y, al preguntarme ellos, les conté la constelación del gemelo evanescente que hiciste con Pilar. Antes te diré que cuando tocaste este tema en el curso, de inmediato me dio un vuelco el corazón, pues yo en tres ocasiones en mi vida he tenido el sueño de que era gemelo pero por mi desconocimiento lo llevaba dentro de mí sin creérmelo o entenderlo. Bueno, cuál fue mi sorpresa cuando mi madre me contó, a mis 45 años, que cuando estaba embarazada de mi tuvo un aborto, al mes y tres semanas de su embarazo. Esto me dejo KO y, al mismo tiempo, aliviado y contento de saberlo".

Arturo

"Curiosamente he tenido dos sueños relacionados con mis transportes:

En uno me informaban que mi coche había quedado aplastado, yo no entendía cómo lo habían movido del garaje pero ahí no estaba y el mecánico me decía que no se podía mover, no habían podido ponerlo en marcha y lo habían encontrado aplastado y no se podía recuperar. Yo no entendía nada y mi duda principal era cómo lo habían sacado del garaje sin llaves, quién se lo había llevado...

Y en el otro sueño aparecía mi bicicleta, la miraba y decía: "ahora entiendo por qué estos últimos días no he ido a trabajar en bici, ¡si tiene una rueda pinchada!".

El gemelo solitario peter bourquin - carmen cortés

¡Así que en mis sueños se han estropeado mis dos vehículos de transporte! ¿Cómo voy a ir ahora por la vida?".

Eva

"Esta noche, en mis sueños, ha vuelto a visitarme mi hermano. Esta vez no estaba en la escalera. Entraba por una puerta que conectaba su casa con mi dormitorio. Le dije: 'No entiendo por qué el arquitecto de este edificio ha dejado una puerta que conecte las dos casas'. Él me miró y no contestó. Le dije: 'Hasta ahora no estaba segura de que no fueses un chutao'. Él me contestó: 'Si tú no quieres, no volveré.' Yo le dije: 'Todavía no lo tengo claro, pero creo que puedes volver'.

Estoy en compañía de tres mujeres delante de un castillo. Tiene una puerta que no se ha abierto desde hace mucho tiempo, años y años. Abrimos la puerta. Nos encontramos en un lugar en que hay dos estanques. Yo me acerco a uno y pongo mis pies en él. Me doy cuenta de que en cada estanque hay un pequeño cocodrilo en estado embrional. Uno de los dos está muy débil, lo está pasando mal. En un estanque hay huesos.

Me vi siguiendo a mi hermano; los dos estábamos fuera de la barriga de mamá, y después de un túnel por el que nos fuimos juntos, a él lo estaban esperando muchos hombres, y a mí, mi abuela, con muchas mujeres, que no me dejaron ir con él. Después mi abuela me tuvo en sus brazos y, después de un tiempo, le expliqué que ya que había llegado hasta allí, yo no me iría sin hablar con los 'superiores'. Así que seguí un camino entre mujeres, un camino ascendente, sentí que dejaba a mis ancestros y que llegaba a un espacio solo masculino. Había muchos hombres que formaban un consejo de sabios y me avisaban de que era muy arriesgado llegar hasta el final. Yo les dije que quería seguir porque tenía que negociar con Dios: 'Yo no me voy de aquí sin que Dios me explique por qué me tengo que ir sin mi hermano'".

Sandra

"Creo que tenía como unos 6 o 7 años. Una noche soñé que a mi madre la habían clonado, y que era totalmente incapaz de distinguir cuál de las dos era ella verdaderamente. Eso me angustiaba y me daba muchísimo miedo equivocarme. Buscaba algo con lo que poder diferenciarlas, pero no encontraba nada, y creo recordar que tenía que elegir entre una de ellas. Había alguna persona que estaba causando esa situación, pero era alguien desconocido para mí. Desde entonces empecé a fijarme en cicatrices o marcas personales, que pudieran permitirme distinguir a mi madre en caso de confusión.

Este sueño volvió a mi mente cuando mi madre me contó que era una gemela solitaria, creo que fue de las primeras cosas que se me vino a la cabeza, y por eso te lo conté en el taller. Creo que ese sueño hizo que el saber que mi madre era una gemela solitaria lo sintiese como una vieja verdad que una parte de mí ya conocía, aunque otra parte necesitara más tiempo para asimilarlo".

Tania

21
Relaciones de pareja

Sin duda es en el ámbito de la pareja donde se manifiestan muchas de las dificultades de los gemelos solitarios. El vínculo entre gemelos es, como ya hemos indicado, la relación más estrecha que conocemos los humanos. Ninguna otra, ni la que hay entre la madre y su bebé, es tan fusional en sus primeros meses y años. Cuando nos hacemos adultos, la relación de pareja es la que más se asemeja a esta experiencia: compartir con otra persona la vida y el espacio, tratándose además de una relación entre iguales. A causa de esta similitud, la pareja es el terreno donde más fácilmente se va a proyectar todo lo que tiene que ver con el gemelo perdido. Es en ella por tanto, donde más se evocan tanto los anhelos como los miedos provocados por lo experimentado al comienzo de la vida.

En realidad la mayor parte de las dificultades que surgen en las relaciones de pareja no tienen que ver con la pareja misma sino con otros asuntos de las biografías de cada uno que simplemente se ponen en escena mutuamente de nuevo entre ellos. Uno de estos asuntos puede ser el hecho de haber perdido al gemelo. Cuando un gemelo solitario puede empezar a distinguir a su pareja de su hermano, y cuando deja de buscar que su pareja llene el vacío que siente, entonces se abren nuevos caminos hacia una relación de pareja más satisfactoria y plena.

"Me he pasado la vida buscando un novio, una pareja; y es aquí donde se ha centrado el meollo de mi vida hasta hoy. En las pérdidas de pareja he vivido, también hasta hoy, los dolores más pro-

fundos; y en compañía de mis parejas he sentido los momentos de felicidad más plenos. Exceptuando mi primer novio, allá por los quince años, las demás han sido vividas con muchísimo miedo a la pérdida y, en la mayoría, con ataques de celos que resultaron grandes tormentos, difíciles de atravesar. Sin embargo, en la actualidad, con mi sexta pareja, sucede todo lo contrario, pero es ahora cuando la que quiere irse soy yo o, al menos, tengo necesidad de aire, espacio...".

Ana

"Tengo un miedo enorme al abandono de la pareja y a la pareja, y me pego mucho, y cuando el otro se aparta un poco de mí porque llega la etapa de 'retirada' después de tanto apego, ante el dolor tan profundo que siento de abandono, abandono yo.

Parece que cuando voy a algún sitio necesito como alguien de referencia o como punto de apoyo, y cuando voy por la calle andando, siempre cojo del brazo o toco a la persona que va conmigo; y con las parejas, si no me cogen de la mano, sufro, necesito mucho el contacto".

Olga

"Conocer a mi pareja fue descubrir una alma gemela, alguien como hecho a medida para mí. Desde el primer día la relación fue como un 'nosotros', una mezcla de dos individuos que ya no tienen sentido solos. Llevamos 15 años juntos, la relación es muy íntima, estamos 'pegados' el uno al otro, necesitamos estar en contacto corporal, hasta dormimos sin despegarnos físicamente.

En general siento como que me falta algo para estar completo y quizás busque que la pareja lo supla. El problema es que eso puede cargar la relación con un peso que no le corresponde".

Tomás

"En numerosas ocasiones en mi vida me sentí sola y solo quería conocer a alguien que se quedase en mi vida (amigo/a o pareja), que no se marchase. Años después, directamente, ya no dejaba entrar a nadie en mi vida.

He tomado conciencia de que mis relaciones siempre fueron igual. En ellas buscaba la incondicionalidad, el sentirme apoyada pero nunca había amor por mi parte. También siento que nunca ningún hombre me va a querer. Es una certeza absoluta porque ¿cómo alguien me va a querer a mí?, es IMPOSIBLE. Es como si yo no fuese lo suficientemente válida, no soy suficiente y siempre, siempre me van a dejar. También creo que hubiese sido mejor que naciese él y no yo, su presencia en la vida sería más necesaria que la mía. Algún día es como si tuviese la necesidad de disculparme con mi hermanito".

Belén

"Desde mi adolescencia estoy buscando AL HOMBRE. Anhelo el amor más profundo y verdadero, este del alma. Pero en cuando se acerca algo parecido, me agobia la cercanía, sea corporal, mental o espiritual. Y eso nunca ha cesado, aun estando ya casada. Hasta hoy intento reconocer en las caras de las personas con las que me encuentro un gemelo del alma y sigo teniendo una gran añoranza en encontrarlo. Nunca he tenido una relación de pareja realmente feliz aunque esto, objetivamente, no sea cierto".

Daniela

"Ahora no tengo claro si lo que sentía era una atracción personal, un enamoramiento o era algo distinto, algo que llevo buscando toda la vida sin saberlo. ¿Qué es lo que siento por mi gemelo y qué es lo que se siente por un chico normal y corriente? ¿Cómo puedo distinguirlo?"

Ana

El gemelo solitario peter bourquin - carmen cortés

"Siempre he tenido amigas 'del alma' y, claro, un novio que éramos 'almas gemelas', y vivía a 10.000 km. Cuando acabamos la relación, el desgarro interno fue enorme".

Elena

22
Identidad sexual

El hecho de haber empezado la vida con un mellizo del sexo opuesto puede llevar a algunos gemelos a sentir una cierta confusión respecto a su identidad sexual. Inconscientemente se identifican con ambos, tal como explicamos en el capítulo 'La identidad compartida'. Este sentir y vivir por ambos puede llevarles desde una limitada identificación con su propio sexo hasta tener relaciones con ambos sexos, o incluso vivir la homosexualidad.

Descubrir y reconocer a su gemelo y, en consecuencia, poder distinguirse de él tiene el efecto de que uno consigue identificarse de forma más acentuada con su propia identidad, y así también con su propia sexualidad.

El caso de Frida Kahlo, que describimos en la quinta parte del libro, podría ser un ejemplo de esta dinámica inconsciente. También lo sospechamos respecto a Oscar Wilde, escritor de *El Retrato de Dorian Grey*.

"He tomado a mis parejas como mis hermanos, tengo la sensación de que el hermano que he perdido era un chico. He estado casada seis años con un chico encantador y estamos separados hace tres años. Pero nuestra relación ha sido siempre una relación de hermandad, nuestras relaciones íntimas han sido muy pocas, casi contadas con los dedos de las manos; teníamos un amor que nos unía de forma increíble, matábamos el uno por el otro, pero no era amor de pareja. De hecho nos parecemos mucho físicamente hasta el punto de que todas las personas que nos conocían lo primero que preguntaban era si éramos hermanos.

El gemelo solitario peter bourquin - carmen cortés

Mi pareja actual es diferente en el sentido de que mantenemos buena intimidad, pero siento un impulso muy a menudo de tratarle como mi hermano pequeño; me freno a mí misma pero me hace daño y me causa confusión.

Durante la adolescencia viví un período en el cual quería ser hombre, sentía una necesidad de hacerlo; me corté el pelo muy corto, me vestía como chico. Fue un periodo corto pero lo noté.

Y hay algo bastante fuerte y de lo que me avergüenzo, es que muchas de mis fantasías sexuales son como las de los chicos. Me siento muy identificada como mujer y tengo claro que me gustan los hombres, pero muchas veces mi manera de excitarme es pensar en chicas, inconscientemente me lleva a pensar en eso y me cuesta cambiarlo, es como que en mi mente hay dos polos".

Ainhoa

"En una multitud de trabajos corporales que he experimentado, con frecuencia conecto con un dolor tremendo y un sentimiento de que por favor no me dejen SOLO en masculino, aunque soy mujer. De pequeña tenía la fantasía de que me faltaban mis genitales de niño y he tenido durante unos años de mi vida un poco de confusión en cuanto a mi identidad sexual".

Mercedes

"Otro recuerdo que me ha venido a la mente es que durante una época compraba ropa de hombre para mí; y he mirado en mi armario y tengo varias prendas duplicadas pero en diferente color. Tal vez sea ya demasiado suponer, pero incluso he llegado a pensar que si tuve un gemelo era un chico; siempre he tenido un cierto complejo de sentirme poco femenina y, sin embargo, cuando me veo en fotos o videos me doy cuenta de que me veo diferente a como me siento, me veo bien femenina y pienso que hay contradicciones en cómo me siento a mí misma. Yo quiero ser o soy femenina y, sin embargo, le pongo limites a mi femineidad".

María

"Hay algo que me llamaba la atención porque fui consciente de ello en los últimos años... Me preguntaba por qué, cuando iba por la calle, me fijaba prácticamente siempre en chicas de mi edad... rara vez miraba a los hombres... y cuando empecé a ser consciente, me preguntaba por qué; si a mí, en realidad, me gustan los hombres, nunca he sentido atracción sexual por mujeres, sin embargo me ocurría eso. Recientemente llegué a la conclusión de que de alguna forma algo estaba buscando o sacando a la luz en esta búsqueda... ahora lo veo".

Isabel

23
Vida y muerte

Un gemelo solitario ha presenciado la muerte de su hermano desde una gran cercanía, lo cual es un suceso que impacta fuertemente en la persona que lo experimenta y deja huellas, a veces muy profundas. En algunos, como consecuencia, hay una comprensión natural de la muerte y, aunque la respetan, no la temen, mientras que en otros hay un gran miedo relacionado con todo lo que tiene que ver con ella. Se puede decir que estas personas han sufrido un trauma existencial, al sentir su vida en peligro en el momento de morir su gemelo, y tienen aún activado en su cuerpo el recuerdo de la angustia mortal.

Muchos tienen dificultades para estar aquí plenamente, lo que puede manifestarse en un gran abanico de actitudes y conductas, desde una cierta ausencia hasta tendencias suicidas. Es como si les costara 'encarnarse' del todo, sea por el anhelo de seguir al otro, sea por el rechazo a la vida.

Asentir a la vida tal como es, es un desafío para cualquier persona. Para un gemelo solitario, conseguirlo plenamente significa a la vez haber integrado la vida y la muerte de su gemelo.

"Contemplar el firmamento cuando hay estrellas me produce una conexión brutal con mi ser, y es ese el momento en el que verdaderamente no necesito a nadie porque yo no estoy aquí, sino allí arriba, en el cielo estrellado, integrada".

Francina

El gemelo solitario peter bourquin - carmen cortés

"Nunca he tenido apego a esta vida. Solo he sentido una profunda nostalgia por volver al otro lado del universo, donde se encontraba algo mío y de mi hogar".

Marc

"Siento que estoy anclada en el canal del parto, viendo la vida pasar a mi alrededor, y yo sin poder ni saber cómo vivirla, atrapada en sufrimiento y dolor físico y emocional. Dolor en mi cuerpo sin poder levantarme por las mañanas, cómo responsabilizarme de las horas de luz del día; cómo llegar a terminar algo ya que empiezo y no termino nada, a un paso de llegar a terminarlo es como abortarlo; entro en crisis de pánico-miedo inconsciente de no se sabe dónde surgió, y lo vivo como una realidad. Una realidad paralela en estados de conciencia expandida de vida-muerte sin comprender".

Margarita

"Por un lado los recuerdos de la infancia, la adolescencia, juventud y, claro, la época adulta, siempre echando de menos y asociándome con unos y otros con la pulsión inconsciente de revivir aquel tiempo que compartí con mi hermana.

Por otro lado me ha hecho consciente de cómo estoy en este mundo. Tengo una profunda necesidad de recolocarme ante todo lo que me rodea, de vivir presente o 'con presencia'. Que sí, cada día lo estoy más, pero no sé explicarlo, quizá tenga que ver con lo de ser uno completo".

Elena

"Hasta ahora he vivido con una sensación constante de estar en peligro, pensamientos repetitivos de muerte propia o ajena, miedo a la muerte y, cuando he estado feliz, enseguida me salta una alerta y comienzo a acordarme de cosas malas que me han pasado. A veces pienso que es como una manera de mantenerme en alerta siempre y no relajarme".

Mercedes

"Dudo con todo, TODO. Temo equivocarme con mis decisiones como si fueran mortales y, cuando me ocurre esto, lo arrastro durante meses o años…"

Gema

"Lo peor es mi no apego a la vida, mis ganas de irme de esta vida, apego a la muerte. Nunca he tenido miedo a la muerte, al revés, siempre he sentido enfado hacia mi gemela Esther, porque ella no vino a sufrir a esta vida y está en un lugar mejor y me abandonó; y, sin embargo, a mí me tocó vivir muchas cosas dolorosas sola, y estaba muy enfadada con ella por dejarme sola".

Olga

"Comprendo la muerte pero no le tengo miedo y por suerte no tengo tendencia a ella, en el sentido de que amo la vida y soy muy luchadora, en ese sentido no me afecta".

Ana

"En el taller del gemelo solitario, al revivir el contacto con mi gemela y su posterior pérdida, tomé conciencia de que en ese momento decidí no vivir, para despreciar a la vida, como venganza. Y también saqué la conclusión de que si no disfrutaba la vida, mi gemela no tendría nada que reprocharme. Así que me quedé como insensible, apático y desinteresado, me dejé nacer, sin hacer yo nada por mi parte. Luego no me interesaba nada mi madre, solo pensaba en mi gemela y en volver a estar con ella. Por encima de todo quería estar con ella, a cualquier precio. Y casi lo consigo ya que nací con un soplo y me tuvieron que operar del corazón a los cinco años, si no, hubiera muerto. Tampoco me enganchaba a la teta de mi madre, tuvo que darme biberón desde el principio.

En el ejercicio, al mirar a mi madre, poco a poco nació un sentimiento nuevo: empecé a sentirme culpable porque estaba despreciando lo que mi madre había hecho por mí. Me había gestado durante nueve meses, me había parido y dado la vida. Me sentía culpable hacia ella. Apareció el amor y agradecimiento hacia ella y fue creciendo paulatinamente hasta que me sentí dividido: si no tomaba la vida traicionaba a mi madre, que no tenía ninguna culpa, y si la tomaba traicionaba a mi gemela, ya que ella no pudo vivir.

Estaba desconsolado porque no me sentía capaz de tomar una decisión, y rabioso por verme en un callejón sin salida. El amor y reconocimiento hacia mi madre fue creciendo hasta que sentí que quería tomar la vida, pero necesitaba el permiso de mi gemela.

Hablar con ella y sentir que ella estaba contenta de verme con mi madre me tranquilizó, al igual que ver cómo ella aceptaba que su camino de vida fue ese y estaba bien. Yo le dije que no era justo: 'yo todo y tu nada', y ella me contestó: 'no, yo también todo, ese era mi camino de vida. Me fui porque quise'.

A partir de ese momento me fui entregando a mi madre cada vez con más amor, viendo a mi gemela sonriéndome. Sentí mucho dolor y culpa por haber rechazado a mi madre y me fue invadiendo un sentimiento de paz al ver a mi gemela en su sitio y aceptar yo a mi madre.

Al día siguiente, en el ejercicio de acoger a mi embrión o bebé recién nacido sentí alivio.

A mi embrión le dije: 'entiendo tu dolor pero yo sé más que tú y sé que la vida es un tesoro y te la voy a mostrar. La vida te está esperando...'.

Salí muy removido del taller de gemelo solitario, con una tristeza que pensé que me duraría días. Al llegar a casa el contacto con mi mujer y mis dos hijos me dio alegría. Me alivió mi pesar y durante la tarde algo se transformó en mi sentir.

Por un lado, el sentimiento de querer vengarme de la vida despreciándola desapareció, lo vi como algo absurdo. La vida está ahí y, si quiero, la aprovecho para ser feliz y si no, no, a la vida le da igual.

Por otro lado, el sentimiento de no querer disfrutar la vida para que mi gemela no pueda reprocharme también se fue transformando: ella no me reprocha nada, le estoy diciendo 'seré infeliz en tu honor.

Para ti'. ¡Menudo regalo! le estoy haciendo responsable de mi infelicidad. No me extraña que se mostrara esquiva conmigo en la constelación donde surgió por primera vez. Ella no gana nada con esto, no resuelvo nada.

Estas conclusiones y decisiones se han venido abajo. Ahora me siento confundido, veo que ha habido un malentendido durante toda mi vida y ahora está dejando espacio para algo nuevo que supongo que irá surgiendo y que creo que será más real.

Al día siguiente me salió una alumna nueva. Al colgar el teléfono sentí una gran alegría como nunca, sin sombras, ni recelos... ¡limpia! Me di cuenta de que hasta entonces siempre que tenía alegrías necesitaba enturbiarlas un poco, minimizarlas o devaluarlas. Me sentí por fin preparado para aceptar las alegrías de la vida, sin asomo de culpa.

La tercera noche tuve un sueño: soñé que en el piso donde vivía (aunque era distinto que el real) se había declarado un incendio. Un incendio que no daba ningún problema a nadie y que nos daba tiempo a reaccionar como quisiéramos. Mi mujer y yo hablábamos sobre si salvar los muebles o dejar que se quemaran y cobrar la indemnización del seguro. Incluso había una reunión de vecinos con técnicos para decidir si construíamos una pared cortafuegos o no, al parecer daba tiempo de todo. No había drama por ningún lado.

Para mí el mensaje está claro: algo viejo se acaba y empieza algo nuevo... tranquilamente...".

Javier

24
El mundo del trabajo

Un patrón frecuente en los gemelos solitarios es trabajar 'por dos', tener dos carreras o dos profesiones, en algunos casos incluso tener dos trabajos paralelos. Otro patrón parece ser no permitirse demasiado el éxito y disfrutar de los frutos de su esfuerzo laboral, a veces incluso llegando a situaciones en las que, estando a punto de conseguirlo, se 'aborta' el éxito.

La sensación de no merecer o de tener que ganarse cada día de nuevo el 'derecho a vivir' es otra característica bastante común. Motivado por la creencia de fondo de no tener derecho, tiende a esforzarse continuamente para ganarlo; y lo hace sobre todo en el ámbito laboral.

Muchos gemelos solitarios trabajan en el campo de ayuda, ya sea como médicos, enfermeras, psicólogos, terapeutas, trabajadores sociales, educadores, etc. A esto contribuye tanto su guión de vida, que les impulsa a querer socorrer y ayudar a otros, como también su sentido empático, muy común entre ellos.

"Terminé muy pronto mi carrera y a los 20 años ya estaba trabajando. Siempre he trabajado mucho pero hace diez años empecé una segunda carrera, psicología. Ahora tengo una consulta y además una empresa propia. Es como si tuviera que llevar todo de frente, a la vez, que una sola vida no fuera suficiente".

Tomás

El gemelo solitario peter bourquin - carmen cortés

"Trabajo por dos y es verdad que tengo como un techo hasta el que me permito llegar, pero parece que no me merezco triunfar y ser feliz. En los trabajos de Gestalt que he hecho siempre es recurrente la frase de 'no me lo merezco', ni las cosas buenas, ni los halagos, etc.".

Olga

"Sonrío también al pensar que tengo dos carreras, dos postgrados (todos relacionados con profesiones de ayuda, de cooperación e igualdad de oportunidades), dos fechas de cumpleaños (la de cuando nací y la de cuando me llevaron a casa después de estar un mes en la incubadora). Y me siento mejor al pensar que quizá por eso siento que las cosas me llevan el doble de tiempo y esfuerzo lograrlas, y los procesos de duelo duran tanto tiempo en mi caso. En lo profesional habitualmente también trabajo en puestos donde haría falta otra persona pero saco el trabajo adelante yo sola".

Laura

"En la vida laboral soy muy trabajadora, trabajo por dos o por tres personas, las horas y los días que haga falta, tengo mucha energía. Para mí el trabajo no importaba cuál fuera, siempre y cuando tuviera una persona al lado a la cual ayudar, solucionar sus problemas, organizarle la vida. Por ello he trabajado muchos años de secretaria, siempre como a la sombra de la vida de otra persona; no he dejado de vivir la mía pero gran parte de mi energía necesitaba ofrecerla a esa otra persona que no es cualquier persona, es una persona con la cual me encariño, respeto profundamente, cuido de ella, etc.

Actualmente me dedico a otra cosa pero siempre con un equipo de trabajo para el cual trabajar, para el cual dar apoyo, inmersa en sus vidas siempre, hasta el punto de vivir sus problemas, sus dolencias, sus sensaciones como míos propios, todo tanto lo bueno como lo malo. Pero esto también me quita muchísima energía, por eso cada tanto me aíslo porque no aguanto.

El tema de los éxitos breves y sin continuidad también es algo que me pasa, me va bien pero ¡no termino de salir adelante! Me salen oportunidades y en vez de continuar con esa energía tan buena, descanso y vuelvo a caer en la tristeza, así que vuelvo a empezar cada tres meses... unos meses bien, otros mal; y así llevo años".

Ana

25
Hábitos cotidianos

Hemos observado que hay ciertos hábitos que son comunes a muchos gemelos solitarios. Por ejemplo, aproximadamente la mitad de ellos menciona su manera de comprar ciertas cosas por pares. Otros preparan habitualmente una comida o bebida de más. Para algunos la decoración tiene que ser simétrica para sentirse a gusto y en armonía. Igualmente hablan de la dificultad de encontrar un sitio propio, como un hogar donde uno pueda por fin echar raíces, y terminar su búsqueda.

En estos hábitos se puede ver la huella inconsciente de la experiencia gemelar. Son una muestra de la memoria implícita, ese tipo de memoria que no tiene forma de recuerdo consciente pero que está grabada en la psique y en el cuerpo, y que se manifiesta en actos aparentemente simples y naturales que, al mirarlos desde una cierta distancia, hablan por sí mismos.

"Ahora me doy cuenta de que siempre dibujaba las cosas en simétrico (era una necesidad), que si dibujaba una flor en un lado del papel, tenía que dibujar otra igual en el otro lado y así con un corazón o lo que fuera, el dibujo debía ser simétrico, si no me sentía mal, era muy incómodo, parecía que faltaba algo.

Siempre he comprado cosas de dos colores iguales: botas, bolsos, jerséis, figuras de decoración son siempre parejas de figuras, etc.".

Olga

El gemelo solitario peter bourquin - carmen cortés

"Estoy asombrada de cómo no me he dado cuenta hasta ahora de mi afición exagerada a todas las cosas pares: zapatos, calcetines y pendientes (podría poner una tienda). Tengo calcetines desparejados encima de la cama todo el año, no pierdo la esperanza de encontrar el que falta (no me explico cómo los pierdo). Con los pendientes me pasa lo mismo.

Cuando estuve de au pair en Francia, en una casa con seis niños, había una caja enorme con calcetines desparejados y yo me pasaba horas encontrando los pares para dejarlos bien juntitos...

Estas vacaciones he estado en Noruega, y en el crucero yo me tomaba la sopa (me encanta, me reconforta) dos veces, como hago siempre en casa (siempre hago doble ración, aunque esté sola); pero claro, a los demás no les parecía muy normal".

Sara

"Cada día por la mañana hago DOS cafés con leche, uno es para mí, el otro, no".

Ainhoa

"Siempre he estado en continuo movimiento, he realizado más de 18 mudanzas y, aunque ahora estoy más tranquila, sigo buscando mi lugar".

Elena

"Me mudo frecuentemente, en estos siete años me he mudado cinco veces y ¡voy para la sexta! Me muevo mucho de sitio".

Ana

"Cuando soy feliz me encuentro culpable.
Cuando tengo algo, lo quiero compartir con alguien más.
Me gusta cuidar de otros, pero no de mí.
Muchas veces compro dos (o más) ejemplares de la misma cosa.

No tener una habitación o un espacio explícito para huéspedes para mí es algo impensable. Lo tenía siempre, aun en viviendas de tamaño limitado y muy modesto. En cambio, en el círculo de mis amistades, nadie lo tiene o se preocupa del tema".

Daniela

26
Tres testimonios

Los siguientes tres testimonios los incluimos casi íntegramente porque ilustran, de manera ejemplar y con una visión más general, cómo el hecho de ser un gemelo solitario se manifiesta en múltiples ámbitos de la vida de la persona. Con la inclusión de estos testimonios queremos evitar que el lector tenga la impresión de que la huella que deja esta vivencia se muestra solo en algún aspecto puntual. Aunque cada historia es diferente y única, tienen elementos en común; asimismo, varios de los aspectos que aquí se expresan también podrían haberse incluido en los capítulos anteriores.

En el caso de la historia de Carolina se muestra también de forma clara que no todo tiene su origen solamente en la muerte del gemelo sino que otros acontecimientos que suceden después en la vida pueden igualmente tener mucha importancia, golpeando a veces en el mismo clavo.

"Siempre desde pequeña me he montado los juegos yo sola, tenía mi amigo invisible pero era como una dualidad, como si fuera yo misma mi amigo invisible, ¡pensaba que estaba loca! Hablar conmigo misma, esto lo mantengo hasta el día de hoy. No sé si le pasa a todo el mundo pero yo tengo una lucha interna entre mis dos 'Ana' que no te imaginarías. Por momentos predomina mi Ana real y por momentos la Ana virtual, por decirlo de alguna manera.

Mi casa y mis animales a los cuales cuido como mis hijos, como si fueran niños pequeños, son mi mundo, y excluyo a todos de esto… hasta a mi pareja. Este mundo es tan real que es como paralelo al que vivo con las demás personas, puedo estar un momento en uno y al instante, en el otro, y me muevo de uno al otro de forma intermitente. Esto ha ido bien hasta hace poco que me he dado cuenta que todo esto está bien cada tanto pero no de una forma permanente porque me estoy volviendo ermitaña.

Me afecta muchísimo en el trabajo, no quiero ver a nadie, todos tienen defectos, muy poca gente me cae bien, soy extremadamente selectiva y mis relaciones suelen ser pocas pero muy profundas. Agobio a la otra persona hasta dejarle sin aire, si no lo acepta lo tomo muy mal como una traición, una sensación de abandono. Y tengo mucho miedo a la separación; todo esto me hace tener un mecanismo de defensa contra los demás y, en vez de acercarme, me alejo y me mantengo fría sin sentir demasiado para luego no tener que sufrir. Todo esto no está bien, soy consciente, pero no encuentro la manera de cambiarlo.

Siempre he sentido que me falta algo, no logro ser totalmente feliz a pesar de que tengo una vida preciosa. Tengo una enorme adoración por los gemelos, en mi familia hay por lo menos uno en cada generación. Y ¡siempre he querido tenerlos! Mis amigas me dicen que es una locura tener dos niños de una sola vez, que es mucho trabajo, que me deformará el cuerpo. Pero a mí no me importaba ni me importa nada de eso, tengo la gran ilusión de poder tenerlos cuando me quede embarazada y soy consciente de que por genética hay posibilidades".

Ana

"He recordado cosas como que, cuando era adolescente, me gustaba mucho imaginar que mi hermano dos años mayor que yo era mi hermano gemelo. Él era algo bajito, cuando yo tenía 11 o 12 años, yo ya había empezado el estirón y él no, así que éramos más o menos igual de altos; cuando íbamos por la calle me ponía junto a él y deseaba que la gente pensara que éramos gemelos. Con este mismo hermano, desde mis 15 años hasta los 19 años, compartí su grupo de amigos, salía con ellos los fines de semana, escogí ir al mismo instituto que él para encontrármelos por la tarde en el bar. Fue una época

muy feliz, quizá de las pocas en las que yo no tenía ese sentimiento de que me faltaba algo.

Me parece extraño que, puestos a recrear un gemelo, no lo hiciera con mi hermana, con la que me llevo un año y con la que pasaba todo el tiempo.

En cuando a otros sentimientos más profundos y determinantes, te puedo contar que, cuando murió mi hermano me di cuenta de que yo no sentía lo mismo que mis otros hermanos. Ellos estaban tristes, yo estaba triste, pero sobre todo estaba angustiada y la angustia me duró varios meses, tenía taquicardias, me faltaba el aire, tenía migrañas muy fuertes y tuve algunos ataques de ansiedad, sobre todo estando en grupo.

Sobre los grupos, realmente no es una forma de estar que me guste mucho, me aburren las conversaciones y pueden llegar a irritarme de verdad. Me siento muy bien si, estando en grupo, hay alguien pegado a mí, literalmente pegado. Acabo de recordar una reunión de amigos en un bar, en la que estábamos muy apretados y yo estaba hombro con hombro con un amigo, hasta ahí me sentía de maravilla, incluso me daba igual la conversación. Cuando él se fue, empecé a aburrirme y al poco rato me fui yo también.

Más cosas: me producen ansiedad los lugares pequeños y cerrados o de los que no puedo salir, por ejemplo una noria, o una atracción de Disney que era un submarino pequeñito con forma redonda supuestamente sumergido en el océano. He tenido ataques de ansiedad en esas situaciones, en las que imagino que nos vamos a morir allí encerrados, y creo que eso me pasa cuando voy con alguien de mi familia, si no, no me produce ese terror a morir. Cuando era pequeña, en los viajes en coche –¡cinco críos en el asiento trasero de un Seat 850!– yo siempre me mareaba y vomitaba, invariablemente, y solo lo podía evitar a veces en caso de no haber curvas y de que yo fuera al lado de la ventanilla.

Muchas veces he sentido que la única solución es morirme, no sé bien a qué responde esta idea, creo que es a no poder solucionar los problemas de mis hermanos y mis padres. Hace tiempo que me doy cuenta de que a pesar que la vida me parece que puede ser maravillosa, yo tengo épocas y momentos en los que me falta alegría y me comen los temores a muchas cosas o a cualquier cosa; siempre pensando que lo que vendrá será mejor y viviendo poco el presente, postergando la felicidad.

Cuando era estudiante varios profesores me repitieron que yo podía ser muy brillante y que no me permitía serlo, y yo me sentía así exactamente. Me resulta muy fácil sentirme culpable y dejarme a mí misma y mis deseos para el final. En mis relaciones sentimentales me entrego hasta desaparecer para mí misma y siento que no me han querido ni de verdad ni como merezco.

De pequeña tenía pesadillas siempre; en mis sueños me perseguían por una cueva o subía unas escaleras huyendo de algo y llegaba a un punto en que faltaba un tramo de escalera o la casa estaba en ruinas y avanzar era muy peligroso.

Hace años que tengo migrañas que me atacan los fines de semana, solo cuando tengo tiempo libre y supuestamente para mí. Me cuesta mucho relajarme o estar sin hacer nada y, efectivamente, puedo trabajar como dos personas, de hecho cuando yo dejo un trabajo, la persona que me sustituye lo tiene difícil para hacer todo lo que yo hacía; pero no me doy importancia ni he sabido ganar mucho dinero, de hecho, casi nunca logro ganar lo suficiente para cubrir mis necesidades y las de mi hija, solo lo justo; por ello tengo dos trabajos.

Desde que me fui de casa de mis padres a los 23 años, he cambiado de casa unas diez veces y en ninguna he sentido que fuera mi casa para siempre, aunque eso no me ha molestado demasiado.

Por no alargar más, te diré que aunque no acabo de asimilar la posibilidad de haber tenido un gemelo, pienso que pueden explicarse muchas cosas si fuese cierto. Hace tiempo que siento que en mi familia me faltan datos para comprender a cada uno de sus componentes y, aunque siguen faltando piezas, esta me ayudaría a comprenderme a mí, que hasta ahora era a la que menos entendía".

María

"El embarazo de mi madre no fue a término, nacimos a los ocho meses, con muy bajo peso, incluso cuando nacimos, me comentan que estuvimos en incubadora. Ahí fue donde Moni murió. Al parecer yo pesé un poco más que ella, pesé 1,250kgs. Creo que ella no resistió y se fue. Mi abuelo materno decía que cabía yo en una caja de zapatos de tan pequeña que estaba. Imagínese a Moni. Tuve también algunos problemas en mi desarrollo como: problemas con las amígdalas, me dio dos veces sarampión y siempre he estado enferma de alguna cosa o de otra.

A los pocos días de nacer Moni y yo, falleció mi abuela. Mi madre no podía atenderme mucho ya que a veces estaba muy enferma, hospitalizada y cosas así. Ella falleció al año, dos días después de que nacimos; y a los pocos meses después mi padre se casó y se fue a vivir a otro lado.

Recuerdo con mucha claridad que mi abuelo materno me decía que me había vuelto una niña muy llorona, de hecho, a la fecha lloro casi por cualquier cosa. Para toda la gente es incomprensible esto, y en ocasiones hago un esfuerzo fuerte para no llorar sin 'motivo aparente'.

Durante mi infancia me sentaba en las escaleras viendo hacia la calle, esperando que llegaran mi madre y mi hermana y hasta ahora he seguido esperando...

Por ese tiempo la abuela me había regalado una muñeca, que a la fecha conservo y siempre está en mi cama, mejor conocida como 'la Pecas'. Tengo por lo menos 35 años con ella y no admito que nadie la toque o juegue con ella; a veces la baño y le cambio la ropa, le mandé hacer unos vestidos; ya no tiene las pestañas del ojo derecho. Sin embargo es mi eterna compañera y así lo veo, porque ella ha estado conmigo, le hablo y en ocasiones llego a jugar con ella. Aún a esta edad, duerme conmigo en ocasiones.

Recuerdo jugar en el recreo sola o pensar que iba a llegar a casa y que mi madre y mi hermana estarían ahí jugando para invitarme a jugar con ellas.

El gemelo solitario peter bourquin - carmen cortés

Cuando pequeña también viví con la idea fija de que yo había sido la culpable de la muerte de Moni, también de la de mi madre; me sentía muy responsable de que ellas hubieran partido, aunque no tengo los recuerdos de ellas. Crecí así, nadie me lo dijo, nadie me lo comentó, nadie me dio la idea, nadie nada... solo yo me lo creí, de repente apareció esa idea, se acrecentó y viví con ella. Tampoco tengo claro si aún la tengo o ya la he desechado.

En muchas ocasiones hago las cosas porque 'se tienen que hacer', no porque realmente sienta que hay que hacerlas. No le tengo nada de miedo a la muerte como muchas personas, a veces la llamo con el pensamiento, sigue sin llegar.

Durante toda mi vida he sentido una profunda tristeza, en ocasiones es más fuerte que en otras; por momentos acariciaba la idea del suicidio como una opción para encontrar (sin saber) lo que estaba buscando.

No recuerdo bien desde cuándo, pero lo que sí tengo claro es que he estado también en una eterna búsqueda espiritual, quizá por la necesidad de encontrar en un Ser Superior la respuesta a este eterno vacío que no se llena con nada. Es un vacío infinito, grande y obscuro.

Mi vida laboral ha sido un verdadero tormento, también así mi vida amorosa, no encuentro un lugar en el mundo laboral ni de pareja. Brinco de un trabajo a otro, me quedo un tiempo y posteriormente me canso, me aburro, me desespero y me voy; aunque me quede sin trabajo, como ahora, no me importa.

En cuestiones de pareja, pues mal. No tengo pareja estable. El hombre que he creído que más he querido, digamos que no se fue, sino que se casó, y aún así sigo con él, esto ya dura varios años. En momentos creí que 'era natural', ya que 'no me entiende' o dice que 'lo asfixio'.

Actualmente me visualizo como una persona estática, inmóvil, sin hijos, sin pareja, sin muchos deseos de vivir. Por el solo hecho de no tener y no encontrar lo que estoy buscando desde que nací, a Moni".

Carolina

Cuarta parte
De la pérdida a la integración

"¡Gracias a la vida que –a pesar de todo– siempre nos empuja a seguir adelante!"

Peter Bourquin

"El proceso transformador de un trauma hacia el despertar ofrece la posibilidad tangible de un ser más completo que antes del suceso devastador".

Peter Levine

El gemelo solitario peter bourquin - carmen cortés

Algunas personas siempre han sabido que son gemelos solitarios, sin embargo muchas otras, no. Este descubrimiento suele ocurrir en algún momento cuando la persona busca ayuda o explicación para ciertos problemas o dinámicas de su vida. El hecho de saberlo para muchos supone una gran diferencia, y a la vez marca el inicio de un proceso de sanación e integración que, aunque suele variar de una persona a otra, tiene ciertas características similares para todos. Queremos dedicar esta parte del libro a explorar este proceso y lo que uno puede hacer para sanar esta herida profunda en su ser e integrar al gemelo muerto en su vida.

En el primer capítulo elaboramos nuestra comprensión de lo que hemos aprendido al observar a lo largo de los años cómo las personas transitan este proceso de sanación. En el segunda capítulo damos voz una vez más a la experiencia de personas que han recorrido este camino. Aquí de nuevo los testimonios ilustran de manera magnífica y en gran detalle este desarrollo en diferentes facetas. El tercer capítulo lo dedicamos a otro aspecto que nos parece de gran importancia tanto para padres como para terapeutas, y que es el reconocer cuándo los niños son gemelos solitarios y ver cómo podemos ayudarles a vivir e integrar su experiencia. El cuarto capítulo muestra dos ejemplos de ello.

27
El camino hacia la integración

En este capítulo vamos a describir las diferentes etapas que se suceden en el proceso interno de un gemelo solitario cuando emprende su camino de sanación. Es un resumen de lo que hemos podido observar a lo largo de los años tanto en el proceso terapéutico con nuestros clientes como en nuestra propia vida. Eso no significa que para todo gemelo solitario tenga que ser exactamente así pero, no obstante, creemos que lo aquí expresado puede servir como hoja de ruta, dando orientación a las personas afectadas en un camino que requiere tiempo, a menudo incluso varios años.

También queremos decir que, aunque aquí presentamos este proceso de manera estructurada en diferentes fases o etapas, en la realidad única de cada persona este proceso no es lineal en absoluto. Puede ocurrir perfectamente que una persona se mueva adelante y atrás en la estructura que hemos bosquejado o que diferentes fases sucedan simultáneamente. Nuestra intención aquí es señalar distintos aspectos que nos parecen relevantes a la hora de integrar esta experiencia.

Como apunte inicial diremos que, para que la sanación pueda ocurrir y sea una experiencia integradora, es importante que el gemelo solitario dé conscientemente espacio a los diferentes aspectos del proceso en sí mismo como, por ejemplo, pasar por el duelo o recuperar la propia identidad. Igualmente es necesario dar la bienvenida al gemelo y descubrir esta relación en sus múltiples aspectos antes de poder despedirse de él.

El gemelo solitario   peter bourquin - carmen cortés

1. El primer paso es el descubrimiento de que uno es gemelo y del signi-
ficado que ese hecho tiene en su vida. La gran mayoría de los gemelos
solitarios no saben que lo son, se sienten diferentes y no entienden por
qué. Muchos sentimientos, vivencias y hábitos les parecen incongruen-
tes, fuera de contexto, de modo que el descubrimiento de ser gemelo
suele marcar un antes y un después. De pronto empiezan a darse cuenta de la importancia de este hecho: con su gemelo tuvieron la primera
relación de su vida, incluso antes que con su madre, y haber vivido en
unión con él y posteriormente haber sufrido su pérdida marca de forma
decisiva a la persona e influye necesariamente en su 'guión de vida'.
Viejos y constantes sentimientos de soledad, añoranza, melancolía, tristeza, enfado, culpa y la sensación de que algo o alguien falta pueden
tener su origen aquí. Y, de pronto, lo que antes eran piezas inconexas
en uno mismo cobran sentido y surge una nueva manera de entender la
propia realidad. Para algunas personas el solo hecho de saber que son
gemelos les aporta un gran alivio; la comprensión de lo que eso supone
conlleva para ellos un sentimiento de estar completos.

2. De la sospecha a la certeza es el segundo paso. A menudo la persona duda durante un tiempo de si realmente es gemelo o no y de si
esto tiene algo que ver con sus dificultades en la vida. Aunque explique
muchas cosas, a la vez puede resultar demasiado extraño. El que en
nuestra sociedad en general, y en el mundo de la psicología en particular, hasta ahora el tema del gemelo evanescente haya sido poco
conocido tampoco ha ayudado a que las personas afectadas pudieran entenderse. Sin duda es necesario informar y concienciar más al
respecto. Y si a eso le añadimos que a menudo no hay pruebas biológicas que avalen esta sospecha, como por ejemplo la muestra de alguna ecografía temprana, se entiende que durante un tiempo surjan las
dudas. Aquí la propia exploración se vuelve importante ya que, gracias
a profundizar en ella, más cosas descubre la persona. Solo uno mismo
conoce la verdad sobre su propia historia, que permanece guardada en
su memoria celular y en su memoria implícita. Entonces, indicios como

los propios patrones de comportamiento, sentimientos, recuerdos, sensaciones corporales, sueños, dibujos, cuentos y poemas, alguna información sobre el embarazo y el parto, etc. van calando cada vez más, hasta el punto en que se disipan las dudas y se acaba aceptando la existencia del gemelo.

3. Una vez se tiene la clara conciencia de la existencia del gemelo, es importante establecer una relación con él. La forma concreta que va a tomar esta relación va a ser diferente para cada persona pero en general implica darse cuenta de que alguien muy cercano y querido, añorado durante mucho tiempo, está ahí y que es posible relacionarse con él, sintiéndole e incluso hablándole. Es importante asimismo darle un nombre para darle una identidad propia. Incluso puede ser de ayuda, durante un tiempo, tener un peluche o un cojín en la cama que lo represente, porque así se facilita a través de sensaciones corporales el acceso a ciertas memorias. De esta manera uno entra en contacto y establece una relación con su 'alma gemela' que hasta entonces buscaba sin éxito en el mundo exterior.

En este contacto se van a despertar algunos sentimientos que también pueden variar de una persona a otra. Muchos gemelos solitarios al comienzo viven esta relación con ambigüedad, entre el anhelo y el miedo, el amor y el dolor, y eso no es sino el reflejo de sus dos recuerdos más profundos y antiguos: la unión íntima y la pérdida desoladora. Algunos se encuentran también con sentimientos de rabia o culpa. Pero una vez que uno supera el miedo y, atravesando el recuerdo del dolor de la separación de entonces, se entrega al encuentro amoroso con su gemelo, por primera vez se llena el vacío en el alma que ha sentido durante toda su vida y ahí se siente completo. La búsqueda llega a su fin. A partir de ahí, esa relación se sigue fortaleciendo hasta que la experiencia de bienestar en el contacto con él se mantiene estable.

4. El reconocimiento del gemelo es trascendental porque permite empezar a separarse y diferenciarse del hermano. Si este ya es un proceso

necesario para los gemelos cuando los dos están vivos, es tanto más necesario para los gemelos solitarios, porque de la identificación con el hermano muerto resulta una capacidad mermada, a veces de forma extrema, de vivir y disfrutar la propia vida. En esta diferenciación se puede empezar a distinguir entre los sentimientos propios y los suyos. Así, por ejemplo, sensaciones como ser invisible, no tener lugar, ser ignorado, querer desAparecer, (debería) estar muerto, etc. tienen mucho que ver con la experiencia del gemelo y no con la propia, de manera que al reconocer su existencia y poder diferenciarse, el enredo emocional empieza a deshacerse y surge una mayor claridad en la comprensión de uno mismo.

También este es el momento en que toca revisar ciertas creencias que se formaron en aquel momento temprano sobre uno mismo y sobre la vida. Para dar un par de ejemplos, de un 'soy el culpable, no he hecho lo suficiente para retenerle' se llega a 'soy inocente porque no estaba en mis manos, era demasiado pequeño'; o de un 'se fue porque soy malo, no soy digno de ser amado' se llega a 'se fue porque era su destino, y reconozco el profundo amor que nos une'. Es como si uno hubiera llevado unas gafas oscuras durante toda la vida que han limitado la visión del mundo y de uno mismo; y al revisar estas antiguas creencias, uno puede por fin quitarse estas gafas.

En este punto muchas personas hablan de empezar a mirar la vida con nuevos ojos, o de tener ganas de 'vivir de verdad' por primera vez; también de sentirse más presentes y de encontrar, por fin, el propio lugar.

A esta nueva comprensión pueden contribuir también experiencias terapéuticas como una regresión o una constelación familiar, en las que se puede sentir cómo el hermano muerto generalmente no tiene ningún reproche sino que siente amor hacia su gemelo vivo. Y de esta manera no se queda todo únicamente en la reflexión mental sino que, al vivenciarlo, se transforma en una experiencia sanadora también a nivel emocional y corporal.

5. El siguiente paso es unificar la vida exterior y la vida interior. Muchos gemelos solitarios han vivido su vida ausentándose de algún modo –por ejemplo a través de una adicción al trabajo, cambios permanentes del hogar o del empleo, una huida de relaciones cercanas, una búsqueda espiritual, o una depresión– buscando inconscientemente a su gemelo perdido. Es como si en lo más profundo del alma sintiera que estar con el gemelo significa alejarse del mundo y viceversa. Con esta unificación aprende que el gemelo le acompaña siempre y que entregarse a otras relaciones no significa en absoluto traicionarle. Por fin ya no hay que decidir entre dos amores.

6. En algún momento uno se da cuenta de que se siente bien y de que está tranquilo y en paz con su gemelo. Sin embargo, es muy posible que en su interior siga allí un pequeño bebé todavía no nacido, el que presenció la muerte de su gemelo, el que quedó en estado de shock, el que sintió una tristeza abrumadora, la soledad y la incomprensión. Ahora se trata de cuidarlo, de consolarlo y amarlo hasta que este pequeño niño interior que uno fue se sienta realmente reconfortado y seguro. La persona adulta que somos hoy en día puede hacerse cargo de este pequeño ser, nadie mejor puede comprenderle, nadie más puede darle el tipo de consuelo que necesita ni explicarle en detalle lo que ocurrió. Cuidar de esta parte de uno mismo es un aspecto importante del proceso.

Un buen complemento en esta fase puede ser un tratamiento adicional con un método de sanación del trauma, como por ejemplo Brainspotting, EMDR o Somatic Experience, para modificar los recuerdos grabados, disolver los bloqueos emocionales y energéticos en el cuerpo y recuperar la energía retenida. Un tratamiento así puede contribuir a que uno viva más en el presente y, valga la redundancia, gane presencia.

7. Finalmente se descubre que en la relación con el gemelo hay un aspecto vivo y otro muerto. Del mismo modo que cuando nos hagamos mayores, nuestros padres seguirán siempre vivos en nosotros a pesar de haber muerto quizás décadas atrás, así también sucede con el gemelo, siempre habrá una relación 'viva' con él.

No obstante, en el cuerpo ha quedado grabada la memoria de haber convivido durante un tiempo con el cuerpo muerto del gemelo hasta que este desapareció, bien porque fuera reabsorbido por el organismo de la madre o porque llegara el momento del parto. Y casi nunca hubo un funeral ni queda una tumba. A este respecto puede ser de ayuda despedirse del cuerpo muerto del gemelo por medio de algún ritual o de un entierro simbólico. Un acto así es un gesto profundo de aceptación y de amor. De esta forma puede concluir un proceso de duelo por el hecho de que el otro no está aquí en la vida; pero, a la vez, uno se queda con el recuerdo amoroso de su gemelo. De alguna manera se separan los caminos, lo que permite al gemelo solitario quedarse con su propia vida y sus propios sentimientos, anclándose todavía más en la vida misma.

8. ¡Llega el momento en que uno se olvida de esta historia!, no en el sentido literal pero sí en el sentido de que deja de ser algo determinante y una seña de identidad. Mientras que uno se siga definiendo como 'soy un gemelo solitario', todavía no ha concluido su proceso de integración. Es el simple 'soy' el que habla de una libertad recuperada.

A lo largo de este proceso, todo lo que al comienzo estaba confuso y mezclado se va aclarando y ordenando cada vez más, tanto a nivel emocional como cognitivo. En la medida en que uno pueda experimentar esta integración, llega a sentirse más entero y más libre para vivir la propia vida, y hacerlo de la manera más feliz posible.

No obstante, un gemelo solitario mantendrá siempre algunas percepciones y actitudes propias de esta vivencia tan determinante pero, si lo sabe, podrá comprenderse mejor a sí mismo y será capaz de discriminar a qué lugar pertenece cada pieza del puzzle. También nos gustaría dejar claro que en este destino tan particular no solo se sufren las consecuencias sino que, en el hecho de ser gemelo solitario también se esconde una gran riqueza y una gran belleza que merece la pena descubrir y disfrutar.

28
Pasos de sanación

Con el descubrimiento de su gemelo se suele iniciar un proceso de integración en la persona. Es un primer paso, y muy importante, pero generalmente se requieren algunos más para llegar a una comprensión y sanación en profundidad como, por ejemplo, el desarrollar una relación con el gemelo dándole de esta manera un lugar, o pasar por un proceso de duelo por su pérdida que incluso puede incluir un entierro simbólico. Una vez más queremos escuchar las voces de personas que están avanzando por este camino y que ilustran con sus palabras este proceso que requiere su tiempo, a menudo varios años.

El último testimonio que presentamos aquí es el resumen de un texto que fue escrito por una participante de nuestros talleres de sanación para gemelos solitarios en que ella comparte su proceso interior a lo largo de dos años. Su capacidad para observarse a sí misma y plasmarlo después sobre el papel nos permite participar de la compleja realidad del gemelo solitario y de su proceso de sanación. El testimonio completo, mucho más extenso, aparece en nuestra página web (www.gemelosolitario.net). Aquí recogemos únicamente algunas ideas y fragmentos especialmente significativos en relación a lo que hemos venido exponiendo a lo largo del libro. Nos hemos permitido introducir algunos cambios formales para facilitar la lectura y adaptar el texto a las características de esta publicación.

El gemelo solitario peter bourquin - carmen cortés

*"Cuántas veces desde hace años me ha (y me sigue) reconfortado profundamente imaginarme en la Sierra, sola, llevando en un contenedor muy especial las cenizas de un ser queridísimo, verme caminando sin prisa, muy a gusto, con una enorme sensación de paz, hasta un lugar con agua, un río pequeño que desemboca en una pequeña laguna de montaña. Es en primavera y todo está lleno de flores. Voy con mis perros, con **nuestros** perros, que corren felices compartiendo mi gozo. Y llego al lugar exacto en el que me siento especialmente bien, sola, en la intimidad mía y de este ser querido... y con una dulzura infinita, voy dejando salir de mis manos sus cenizas que caen y se alejan jugando con la corriente. Me siento profundamente triste y profundamente en paz, eternamente agradecida. Y me siento viva.*

Esta es una fantasía que tengo desde hace años y en la que nunca he sabido a quién estoy despidiendo. Y me doy cuenta ahora que nunca he necesitado saberlo... (insólito en mí). Creo que ahora lo sé, me estoy despidiendo de mi maravillosa gemela".

Rosa

"He comprendido muchas cosas, especialmente la razón de mi curación milagrosa. Cuando me quedé solo en el útero no viví, al contrario de lo que siempre había creído, el dolor de una pérdida irremediable, no, simplemente creo que no tenía conciencia de la muerte. Lo que me llegó fue un gran asombro. ¿Dónde se había metido? De hecho empecé a moverme en su busca, toda mi atención estaba en buscarla. Cuando estuve seguro de que no estaba allí me preparé para salir, convencido de que estaba fuera, aguardándome. Curiosamente estaba en la luz... así que mi guión de vida era buscarla y la causa de todos los sufrimientos posteriores no fue tanto que ella me dejara como que yo olvidara qué estaba buscando... así que en cuanto la encontré en la Constelación, me curé inmediatamente porque la había encontrado... Pero el taller me ha servido mucho, más allá de que la herida estaba sanada y la comprensión del porqué de la sanación. Me ha servido para darme

cuenta de que lo verdaderamente importante era el amor que había experimentado, un amor que está más allá de la comprensión y de cualquier condición. Me ha servido también para comprender que el fin de la búsqueda –el guión de mi vida– me convierte en un ser libre para elaborar un nuevo guión".

Jorge

"Al cabo de un año de tratamiento, la terapeuta me sugirió la posible existencia de un gemelo/a muerto. Pero si bien la guía que había tenido durante el tratamiento había sido profundamente acertada, en este caso me negaba a considerar la posibilidad de que la sugerencia fuera posible. Los gemelos siempre me habían parecido gente muy rara, incompleta, espejos, mitades complementarias, seres a medias, y con el tiempo llegaron a provocarme un profundo rechazo; pensar que yo pudiera ser gemelo de alguien me daba repelús.

Poco después, en otra sesión de terapia, la bolsa de los playmobil cayó al suelo y creímos recogerlos todos. Al día siguiente, mientras limpiaba, encontré dos muñecos idénticos que no vimos al recoger y me pareció que no era algo casual.

Esto me llevó a aceptar hacer una sesión de terapia sobre los gemelos y en efecto allí estaba: no recuerdo si hubo muñecos, creo que no, pero sí recuerdo una visualización guiada en donde pude llegar hasta la tripa de mi madre y ver y sentir a otro ser junto a mí y un profundo amor y también, después, una repentina oscuridad, que asocio a su muerte, pues la visualización se bloqueó ahí.

Me di cuenta de la evidencia, de la verdad de ese hecho. Mi primera reacción inconsciente fue muy dura de vivir, pues sentí que de repente no sabía quién era, que no tenía identidad, fue horrible, duró dos o tres días; después tuve una gran sensación de irrealidad del mundo que me rodeaba; era una sensación muy angustiosa. Estuve muy desajustado un tiempo y creo que estuve a punto de irme detrás de él o de ella, pues a las pocas semanas las sensaciones de pérdida y de irrealidad eran muy grandes y creo que lo que sucedía es que inconscientemente estaba desencarnando, estaba queriendo irme. Ahí hubo un punto de inflexión, de vuelta, y con el tiempo, de aceptación y de elaboración del duelo, en pasos muy parecidos a los que sugiere usted en su taller.

Ahora puedo entender por qué siempre estuve buscando a mi alma gemela, una búsqueda muy consciente, un deseo muy claro; me recuerdo de niño (... y de no tan niño) rezando y pidiendo encontrarla; leyendo con 25 años el Banquete de Platón y dándole la razón convencido sobre la media naranja; el fuerte sentimiento de estar incompleto; la sensación de ser diferente, incomprendido; y en los últimos años un profundo sentimiento de soledad.

Tengo la sensación de que nunca estuve bien encarnado, de que tuve siempre un pie aquí y otro allí. De algún modo al estar mi otra mitad allí, una parte de mí también lo estaba, estaba con ella, de un modo inconsciente. Durante tiempo, en especial en los últimos diez años, mi percepción fue creciendo bajo forma de profundas intuiciones o certezas. Ahora veo que en estos años percibía el mundo más a través de ella que de mí mismo. A mi madre no se lo he comentado, no es una persona fácil y menos en estas cosas, pero sí le pregunté si había tenido pérdidas en el primer trimestre y me dijo que sí y que había tenido que estar en cama.

Creo que ella, mi otra mitad, me ha guiado hasta aquí. Creo que mi sitio está aquí y el de ella está allí y que me ha ayudado a descubrir su existencia para que pueda tener una vida más plena aquí. Ahora por ejemplo ya no tengo sensación de soledad ni la necesidad de una pareja, estoy sereno al respecto. Cada vez percibo menos el mundo espiritual, ahora vivo en la tierra, antes no".

Susana

"Después de realizar el taller con Peter y Carmen, mi vida empezó a tener orden. Soy feliz, me he casado y espero poder ser madre algún día. He podido dar un lugar a todos esos sentimientos que desconocía y sentirme más ligera. Conocer que en el vientre de mi madre

estuve acompañada me ha ayudado a saber de mí y de mis necesidades. He aprendido cómo me relaciono con los demás y cómo convivir con el miedo, la tristeza y la culpa. Sobre todo lo que más he aprendido es que nunca estaré sola, sé que hay alguien que siempre va conmigo".

Belén

"Desde que he aceptado a este gemelo 'evanescente', mi vida ha cambiado plenamente. Desde que soy consciente de su posible existencia, lo he llevado conmigo en el corazón y he aprendido a quererlo día a día. Lo he integrado en mi sistema familiar y ahora parece que todo ya tiene más sentido en mi vida.

Es difícil explicarte mi situación personal porque ha sido algo como 'por arte de magia', porque desde entonces me siento más llena, estoy con una felicidad por dentro y por fuera que la gente que me conoce me ve distinta, como si algo en mí hubiera cambiado. Ese vacío que he tenido toda mi vida, ahora ha pasado a ser un sentimiento de plenitud.

Además, ya he 'sentido' que el sexo de mi gemelo es mujer, tengo una HERMANA. Ya la puedo sentir, la percibo y la noto ahí como que me está protegiendo. Antes, cuando descubrí lo del gemelo solitario, me costaba intuir su sexo porque todavía no la había integrado en mi corazón y en mi sistema familiar, pero ahora no me cabe la menor duda".

Silvia M.

"El hecho es que la noticia de ser gemela llegó a mi vida después de una constelación, en un momento en que estaba buscando una respuesta o solución a mi dificultad para poder establecer una relación afectiva más o menos duradera y el poder echar raíces en algún lugar sin la necesidad de tener que marchar después de unos años. Así que me informé y leí sobre el tema de los gemelos solitarios y por qué no... me aventuré a entrar en el proceso terapéutico. Estaba *harta de repetir siempre lo mismo y solo tenía ganas de estar bien. Fuera cierto o no, no podía perjudicarme.*

A partir de conocer que soy un gemelo solitario he podido entender mis dificultades en la vida. Desde el sentimiento de soledad, la tristeza sin motivo externo aparente desde que entré en la adolescencia, el deseo de suicidio, la búsqueda espiritual, el pánico al compromiso profesional y emocional, el sentir no pertenecer a ningún lugar y deseo de vivir en distintas ciudades, la dificultad en acercarme al otro y el mismo miedo a la separación... En definitiva, el no permitirme ser feliz.

Empecé un proceso terapéutico y en el transcurso de ese tiempo fueron surgiendo distintas reacciones en mí interior. Primero desconcierto e incredulidad, mi cabeza decía una cosa pero mi corazón, otra, así que escuchando a mi corazón hallé el nombre de mi gemelo, Álex. Después sentí aceptación de la situación y comprensión de todo lo que me había ocurrido a lo largo de mi vida, era la respuesta a todas mis preguntas para entender quién soy y lo que hago. Al poco tiempo y muy paralelamente, sentí amor por mi hermano perdido y deseo de seguirlo. Poco a poco, lo fui integrando dentro de mí y sentí que nunca más podíamos separarnos. Así que mi interior ha quedado en paz y con las ganas que nunca antes había sentido de estar viva y VIVIR".

Eva

"Siento que toda esta búsqueda, en la que llevo unos cuántos años y que comenzó desde las lágrimas, me ha llevado a lugares que nunca hubiera imaginado. Y todo esto me ha permitido tener una visión mucho más amplia de la vida y una capacidad de comprensión mucho mayor para entender lo que me sucede. He ampliado mis horizontes de respuesta. Así lo estoy sintiendo.

Y me sale decir 'Gracias a la vida, que me ha dado tanto. Me ha dado la risa y me ha dado el llanto' (porque sin el llanto no hubiera llegado hasta aquí)".

Laura

"Sé que un día se fue... ahora comprendo que para siempre, y que no se fue porque no me quisiera o porque yo no merecía que se quedara a mi lado... se fue... simplemente se fue porque tenía que irse... y sí, soy una mitad. El sábado, en la primera meditación, volví a tener la sensación de plenitud que tuve al surgir a la vida a su lado. Fue una intensísima vivencia de unidad, fue la sensación de 'la unidad'... por eso cuando se fue, no sentí una separación... sentí un desgarro en mi ser. Cuando Peter hablaba de las dos mitades de la manzana me parecía una metáfora... pero no... es exactamente lo que yo siento, por mucho que contradiga mi lógica... yo era uno cuando tenía a ese ser a mi lado, éramos puro amor... éramos puro amor...

Por mucho que haya sufrido no quisiera no haber sido su gemelo, porque yo no soy sin ella. Quizás otras personas pensarían que estas son palabras vacías... pero vosotros sabéis que solo estoy hablando de mi naturaleza profunda, de mi experiencia de mí mismo como parte de una unidad con otro ser. No lo lamento, al contrario, doy gracias a aquello que me ha creado de haberlo hecho de este modo... ahora quisiera encontrar la forma de poder expresarlo a quien no ha tenido esta experiencia maravillosa.

Hoy he sabido que aún la espero, más de 42 años después... aún la espero. No sabía que yo era capaz de tanto amor...

Hoy fui a ver la puesta de sol en el océano. Vi cómo se apagaba y desaparecía... estoy seguro de que cuando ella se apagó lo hizo poco a poco y yo asistí ávido de retener la sensación de su presencia hasta la última vibración de su ser... siempre que me despido de alguien que quiero trato de memorizar el último contacto, la última mirada, su olor o el último beso... ahora entiendo por qué.

Creo que toda mi vida ha estado marcada por el miedo a la 'angustia del vacío'. Aunque me parece bastante claro que está asociada a la pérdida de mi hermana melliza, probablemente otros factores han reforzado esa sensación. Ahora ya no espero recibir esa calma de mi pareja (aunque en este momento no la tengo) ni de nadie. Por eso me siento siempre al borde de esa sensación de vacío y mi vida es más árida; me resulta difícil sentir sosiego y entusiasmo por las cosas. Creo que afrontar esto me llevará a desarrollarme y superar ese 'atasco' que se produjo en un momento tan temprano en mi vida. En esta aridez trato de contactar con mi hermana, sentirla; trato también de afrontar el dolor de su pérdida y vivir el duelo.

Junto a esto está la decisión que tomé en el momento de su muerte: no colaborar con el desarrollo de la vida en mí. Un No a la vida. Esta decisión está dejando de estar escondida en mi inconsciente, está saliendo a la luz en mi cuerpo, en mis decisiones, en mi energía, en mis actos... Siempre estuvo, pero ahora la veo cara a cara y se suma a la aridez de la que te hablaba antes. Sin embargo la vida me impulsa con una fuerza increíble, ¡me da tanto! Se me ofrece tanto amor y tanta atención; tengo tantas herramientas a mi alcance y tanta capacidad de ver lo bello... También aquí observo... y trato de apoyar cada impulso hacia la vitalidad... y trato de recordar aquella sensación de unión con ella, cuando vivía inmerso en la energía del amor...

Quizás este proceso me llevará a ser capaz de recibir y dar, de entrar en el 'intercambio a manos llenas' (expresión de Bert Hellinger). Pero dejo que el proceso siga su ritmo y trato de aceptar y asentir a lo que me ha tocado... "

Pablo

"Siempre me había sentido acompañada por una extraña sensación de precariedad, de 'esto está a punto de acabarse', de duda existencial. En mi vida lo veía especialmente reflejado en mi aversión al compromiso a largo plazo -ya fuera una formación, un trabajo o incluso mi propia boda- y en la dificultad para tomar decisiones, planificar y elegir una dirección. La sensación de 'es demasiado tarde' estaba siempre ahí.

A través de la experiencia vivida en el primer taller pude darme cuenta de muchísimos bloqueos y patrones recurrentes a lo largo de mi vida y por primera vez me fue posible plantar una semilla para que, a partir de ese mismo día, las cosas pudieran ser de otro modo.

Uno de los cambios más significativos que he experimentado ha sido la relación con mi interior y con mi feminidad. Soy una mujer, y esto que parece tan evidente nunca lo había sido para mí; de alguna manera siempre me había sentido más hombre que mujer, en la forma de relacionarme con las personas, en el modo de vivir el trabajo, en la manera de ver la vida. Cuando era una niña me cortaba el pelo para parecer un chico e incluso muchas personas pensaban si sería lesbiana; y aunque yo siempre he tenido claro que me gustaban los chicos, lo he vivido con una extraña sensación de culpabilidad. He tenido más amigos que amigas y muchísimas veces me he preguntado ante el espejo, enfadada, por qué habré nacido mujer.

Ahora entiendo un poco más de dónde podría venir todo esto. Mi gemelo era un chico y yo he querido vivir por él: ser un hombre, trabajar como un hombre, hacer las cosas como los hombres... Pero, mientras, no podía dejar de sentir esa fractura en mí y de preguntarme quién soy yo en realidad o dónde está Micaela.

Y no sé cómo ha sucedido pero lo cierto es que, desde el trabajo con mi gemelo, consigo sentirme y escucharme más; ahora reconozco esa otra voz como algo fuera de mí y he aprendido a distinguir cuándo habla mi lado masculino; y, aunque es un patrón muy arraigado y permanece su eco en mi interior, me doy cuenta claramente de que no soy un hombre, y me parece bien no serlo. Y, claro, a raíz de este movimiento hacia mí y hacia mi feminidad, ha cambiado ostensiblemente mi percepción de la vida y mi relación con hombres y mujeres.

También la relación con mis padres ha experimentado cambios. Siempre la había sentido un poco distante aunque ellos han estado ahí en todo momento, y no le encontraba una explicación. Era como si no pudiera acercarme demasiado, ni física ni emocionalmente, a pesar del amor que sentía por ellos. Durante mis años de terapia llegué a encontrar un momento de mi infancia que podría haber sido supuestamente 'el corte', y la explicación tenía sentido pero era claramente insuficiente para mí, estaba segura de que tenía que haber algo más.

El gemelo solitario peter bourquin - carmen cortés

Durante el taller me di cuenta de que el sentimiento de culpa por la muerte de mi gemelo era tan fuerte y las ganas de quedarme con él, tan grandes, que en realidad no quería vivir. Fue una revelación muy dura entender que no fueron mis padres los que interrumpieron su amor hacia mí sino yo la que, durante toda mi vida, me había sentido incapaz de tomarlo. Ahora por fin puedo mirarlos a los ojos, reconocer ese amor y aceptarlo. Ha sido un cambio espectacular, muy especialmente con mi madre.

Otra área de mi vida que se ha visto profundamente alterada ha sido la relación de pareja. Siempre me he enfadado con todas mis parejas porque no me daban lo que yo quería, porque no conseguían llenar mi vacío pero, por otra parte, nunca he sabido lidiar con las rupturas y las separaciones, de manera que algo así como "me quedo insatisfecha porque no puedo irme" es una sensación que me ha acompañado siempre, con mis parejas, con mis amigos o en el trabajo, y me ha causado mucho sufrimiento. Por otro lado, siempre he tenido muchas ganas de independencia, como si la anhelase pero no la pudiese lograr.

Después del trabajo con mi gemelo he descubierto que la simbiosis perfecta que viví con mi hermano nunca se va a repetir y que no puedo pedirle a la pareja algo que una pareja sencillamente no puede dar. Por otra parte, quizás ese no poder alejarme de una pareja que ya no tiene razón de ser podría venir de esa separación forzada de mi gemelo que no quisiera repetir.

Y con esta nueva mirada y esta nueva conciencia puedo reconocer ahora todas las veces en que he estado haciendo lo mismo a lo largo de mi vida: aferrarme a algo que ya sabía muerto -una relación amorosa o de amistad, un trabajo que ya no me satisfacía, un piso, un coche- y seguir tozuda ahí, sin poder despegarme, aun sintiendo claramente que eso ya no era para mí y mientras renunciaba a nuevas oportunidades que aparecían ante mis ojos. Probablemente este sea el descubrimiento más impactante del taller. Y ahora me siento más libre, más fuerte. Veo a mi pareja y reconozco que es otro con respecto a mí, que nos complementamos sin ser espejos y que el hecho de tener gustos distintos no tiene por qué afectar a nuestra relación. Me tomo más espacios para mí y estoy bien con él pero no me siento morir si pienso en que tal vez podríamos llegar a separarnos algún día.

Y algo parecido ha sucedido en la relación con mis amistades; siempre buscaba a la amiga del alma, a la amiga inseparable, perdiendo así toda mi autonomía y enfadándome mucho conmigo misma por ello. También ahora que sé de dónde puede surgir ese impulso, me siento mucho más libre e independiente.

Finalmente, en cuanto a mi relación con la maternidad, siempre he pensado que no tendría hijos, nunca me he sentido capaz y me entraba mucho miedo solo con pensarlo. Después del taller me di cuenta de que mi incapacidad estaba muy relacionada con mi sensación de no haber querido lo suficiente a mi madre y el miedo de que pudiera sucederme a mí lo mismo con mi propio hijo. Y el cambio ha sido increíble porque por primera vez he abierto la puerta a la posibilidad de ser madre… y de ser una buena madre. Y ese era un pensamiento imposible de concebir.

Y si el primer taller fue de descubrimiento, en el segundo, a través de los trabajos de mis compañeros y mi propio trabajo, pude sentir cómo el hecho de haber sido gemela había condicionado toda mi vida. Ahora tengo menos miedo al futuro y una profunda confianza gracias a haber vivido la experiencia desde otro lugar y a haber tenido el tiempo de madurar mi relación con mi gemelo. He crecido como persona y he conectado con una parte de mí misma que desconocía tan solo dos años atrás. Mi agradecimiento es inmenso y mi camino por delante largo, con la diferencia de que ahora tengo muchas ganas y mucha ilusión por vivirlo".

Micaela

179

29

Cuando los niños son gemelos solitarios

Parte de nuestra responsabilidad como terapeutas incluye aplicar lo que sabemos en el cuidado de las nuevas generaciones. Este capítulo, que trata sobre nuestra mirada hacia los niños que son gemelos solitarios, es fruto de la colaboración con dos psicólogas y terapeutas infantiles de mucha experiencia, Loretta Cornejo Parolini y Diana Cornejo de Baumann, ambas del equipo del instituto UmayQuipa y que viven en Madrid y Perú respectivamente, a las que desde aquí expresamos nuestra gratitud.

Al pensar en niños que son gemelos solitarios, que han empezado la vida acompañados en el útero para después perder a su hermano a las pocas semanas o meses, queremos hacer una puntualización: esto puede ocurrir por causas naturales o puede ser fruto de las modernas técnicas de reproducción asistida, concretamente de la fecundación in vitro. Como hemos dicho anteriormente, desde los años 90 en España se han duplicado los nacimientos de gemelos fruto de estas técnicas y, por tanto, también han aumentado los casos en que el niño que nace solo, empezó su vida en un embarazo gemelar.

Cuando el hecho sucede por causas naturales, muchas veces la madre no lo sabe y no es consciente de ello, a no ser que haya habido una ecografía temprana donde se haya visto que el embarazo empezó como múltiple o que tenga algún sangrado durante los primeros meses pero después el embarazo continúe.

Sin embargo como terapeutas es importante que tengamos presente esta posibilidad. En conservaciones que tuvimos con Loretta y Diana, ellas nos explicaron su comprensión del rol del terapeuta al respecto, lo que ha inspirado las siguientes reflexiones.

La mayoría de los profesionales que trabajan con los niños y sus familias, cada uno de acuerdo a su marco teórico, tiene una especie de guía para poder establecer una primera comprensión, no solo del síntoma o del motivo de consulta sino también de la historia del niño. Como muchas situaciones familiares han cambiado –modos de concebir un hijo, modos de engendrarlos, modos de adoptarlos o acogerlos–, hay que tenerlas presentes y preguntar a los padres teniendo en cuenta las posibilidades de hoy en día. Por ejemplo: ¿qué tal fue el embarazo del niño?, ¿hubo pérdidas?, ¿fue un embarazo asistido?, ¿hubo abortos antes o después?

Lo importante de estas preguntas –al menos respecto al tema que nos concierne en este libro– es que nos abren la puerta a recoger información relevante para poder entender la realidad interior del niño.

Además, desde hace ya algunas décadas muchas parejas tienen la oportunidad de ser padres gracias a las técnicas de reproducción asistida, a menudo como última opción después de agotar las posibilidades naturales. Esto puede ser una bendición, tanto para los padres como para los hijos que nacen como fruto de dichas técnicas y del deseo y perseverancia de sus padres; sin embargo hay aspectos que es necesario tener en cuenta cuando un niño ha llegado a este mundo habiendo sido concebido por este medio.

Cuando se prepara una concepción *in vitro*, generalmente se fecundan varios óvulos después de un proceso de sobreestimulación hormonal en la mujer, para después implantar algunos de estos óvulos en el útero de la madre, a sabiendas de que seguramente no todos seguirán adelante. Como consecuencia de esta técnica, el número de embarazos que comienzan como embarazos múltiples ha aumentado considerablemente, así como el número de niños que nacen habiendo comenzado su vida acompañados de uno o varios hermanos que finalmente no llegaron a nacer.

Ya seamos padres o terapeutas, es importante reconocer que nos encontramos con niños cuya historia es esta, ya sea por causas naturales o como consecuencia de la reproducción asistida.

Cuando hablamos de embarazo múltiple, tenemos que ser conscientes de que son niños que empezaron compartiendo la vida en el vientre materno desde la concepción misma. Para ellos, la relación con los hermanos comienza en estos primeros momentos y va unida a las vicisitudes de su desarrollo dentro del vientre materno. Y eso les marca, como hemos podido mostrar a través de los numerosos testimonios de este libro.

Para los padres, cuando ven nacer a sus hijos sanos, los otros óvulos o embriones perdidos quedan en el recuerdo lejano o caen en el olvido, tapados por la experiencia de los que lograron nacer y están aquí. A sus hijos ese recuerdo les seguirá toda su vida, a veces no de modo consciente pero sí de un modo inconsciente, que muchos no son capaces de explicar, pero sí de actuar.

En el caso de la fertilización asistida, desde el momento de la fecundación in vitro y luego de la implantación, cada uno de esos óvulos existe y tiene una cierta presencia dentro de la memoria emocional y celular de ese óvulo que sigue adelante, aunque luego los otros 'se pierdan'. Le queda el recuerdo de la existencia de los otros que estuvieron por breves momentos o por uno, dos o tres meses. Esos óvulos que fueron implantados ocupan un sitio en el imaginario de la madre y posiblemente en el del niño o los niños que nacerán.

Por eso es importante saber en qué momento los padres se decidieron por este método y, sobre todo, en qué intento se logró que el embarazo llegara a término. Estas son preguntas relevantes porque en cada intento hay un deseo, una fantasía, un imaginario y, cuando se da la noticia de que no ha tenido éxito, hay un desfondamiento, generalmente más en la madre, que es la que además lo ha vivido en su propio cuerpo. Como todo ello influye tanto en la madre como en el niño que llega finalmente a nacer, preguntas como estas son de gran relevancia: ¿En qué intento concibieron a su hijo o sus hijos?, ¿cuántos fueron los óvulos fecundados?, ¿cuántos fueron los óvulos implantados?, ¿cuántos llegaron a término?, ¿qué pasó con los otros? Todos estos aspectos no son solamente cuestiones técnicas sino informaciones muy relevantes de cara a entender mejor al niño.

Tanto nuestro trabajo con adultos como la experiencia de psicoterapeutas infantiles confirman que el niño tiene a su gemelo perdido presente de alguna manera, independientemente de si la pérdida ocurre en un embarazo natural o en un embarazo fruto de la fecundación asistida.

Lo queremos ilustrar con un par de casos. El primero es de una niña de cinco años, documentado por Loretta Cornejo:

> *"La niña no para quieta, siempre quiere hacer miles de cosas. En la segunda sesión jugamos con la caja de arena y de golpe me dice: "hay que enterrar al bebé".*
>
> *"¿Hay un bebé enterrado?", le pregunto.*
>
> *"Sí", me dice: "pero nadie lo sabe, ni siquiera mamá".*
>
> *"¿Y por qué está enterrado?".*
>
> *Se encoge de hombros y me dice: "No lo sé, fue hace mucho tiempo y no me acuerdo, pero está tan enterrado que todos se olvidaron de él".*
>
> *"¿Y tú quieres que siga así?".*
>
> *"No", me dice: "porque es mi hermano y lo quise mucho".*
>
> *"Ah", le dije: "no sabía que tenías un hermano".*
>
> *"Ay, Loretta, claro que lo tenía pero no nació. Se quedó en algún lado, y a veces eso me da mucha pena".*
>
> *"¿Pero tú lo has visto?", le pregunto.*
>
> *"No", me dice: "pero sé que estaba conmigo en la tripa de mamá, pero luego no sé dónde se fue, desapareció".*
>
> *De repente corta todo juego y se pone a dar volteretas en la habitación:*
>
> *"Y te lo has creído, jajaja, es mentira. ¿Cómo puedo recordar cuando estaba en la tripa de mamá, jaja, si era muy pequeña? Además te lo has creído!".*
>
> *"Sí, me lo he creído, por supuesto, porque todo lo que estás contando suena a verdad, a cosas que recuerdan algunos niños cuando estaban dentro de la tripa de mamá".*

Inmediatamente deja de saltar, se sienta en el suelo y me dice: "Cuéntame de ellos".

"Pues he tenido niños, uno por ejemplo, que me decía que sabía que había tenido un hermano de tripa y que durante un tiempo estuvieron juntos, pero que no sabe qué pasó después, porque ya no lo sintió, nunca más, y se sintió solo y lo buscó como podía. Y que fue creciendo dentro de la barriga pero que no quería crecer mucho (este caso fue un niño de poco peso al nacer), por si su hermano volvía, para hacerle sitio. Y que a veces pensaba si él había comido mucho de la comida de mamá y por eso el otro se había ido, (y en este caso el niño en cuestión me preguntó: "¿no lo habré matado yo, no?", cosa que a esta niña eso no se lo conté porque ella no había ido por ahí).

Lo que sí le dije es que hablaría con sus padres para saber por si acaso un poco más de cuando ella había estado en la tripa de mamá, y seguro ellos después se lo contarían.

Cuando hablé con los padres, me dijeron que no había habido mellizos ni gemelos ni nada y que en la ecografía de los tres meses sólo salía un embrión, pero que es cierto que la niña siempre, aunque ahora menos, había hablado de un hermano que dejó atrás y lo llamaba Marcos.

Les dije: "Traten de pensar, ¿pero no sangraste para nada el primer mes o en algún momento antes de los tres meses, aunque sea un poquito?".

Pensando y hablando juntos, luego en casa me llamaron y me dijeron que sí, que la abuela, la mamá de la mamá, se acordaba de que sangró y manchó, no mucho pero lo hizo. Pero el médico no le dio ninguna importancia, le dijo que no era mucho y que no había que alarmarse, y fue así. No volvió a manchar en todo el embarazo.

Dentro de la teoría y de lo objetivo, podremos saber si en realidad ese fue un óvulo de muy pocas semanas que realmente se perdió y no se logró llevar a término, pero que la niña sí lo lleva consigo como algo muy suyo, eso es seguro, y que además en sus juegos lo pone como bebé, como algo que no ha crecido.

Es raro que un niño de cinco años ponga en palabras todos estos conceptos porque ellos no tienen la experiencia interna de abortos, concepción, pérdida, ovulación, etc. Pero escucharlos hablar es como si nos estuvieran relatando en calco lo que pasó por dentro del vientre materno.

Y le pregunto a la madre: "Si fuese así, ¿tú qué sexo crees que hubiese sido?".

"Hombre", me dijo: "siempre pensé que sí ese sangrado no sería un microaborto, pero lo aparqué y ahí se quedó. Y también es cierto que siempre pensamos que si fuese hombre, nuestro hijo sería o Marcos o Lucas". Y se echó a llorar.

Les expliqué que para la niña era importante tener una explicación a sus sensaciones sin palabras, a esa emoción que sentía de haber abandonado o perdido a su hermano en algún sitio y no poderlo encontrar. A veces es mejor explicarlo así: que tal vez sí hubo otro huevito dentro de la mamá para convertirse en hermano, pero por lo que fuera no funcionó y cuando las cosas no van bien, el óvulo decide irse porque sabe que no podrá hacerse mayor. Pero que le dejó su energía en ella, pero que ella no tiene que tener la energía de los dos, eso le toca a los papás que son los adultos. Ella tiene que ver la suya propia y dosificarla y usarla para sus cosas, que su hermanito estará contento, pero que ella tiene que mirar hacia adelante, sabiendo que de todos modos esa energía también la tiene dentro para ayudarla a crecer.

En la siguiente sesión viene más tranquila, se le ve contenta. Le pregunto qué tal y me dice que bien, que sus padres han hablado con ella y que ella tenía razón, que tuvo un hermano muy chiquitito al que pensaron llamar Marcos, pero no pudo crecer ni hacerse mayor en la tripa de mamá; que a veces pasa, igual que yo le he explicado sobre los otros niños.

¿Y qué quisieras hacer tú ahora?".

"Ay, Loretta, pues desenterrarlo, ahora todos sabemos que sí estaba y aunque era chiquito, era mi hermano. Mi mamá me ha dicho que me va a comprar un dije con una cadenita, si es que quiero; yo escojo la forma y será esa parte de mi hermano que echo de menos. Hemos ido a ver varios, yo aún no escojo, no sé si una estrella, un osito... Me gustará tenerlo conmigo. ¿Sabes que se iba a llamar Marcos?".

Esa tarde jugamos a desenterrar al bebito y a otros bebitos, "por si acaso otras mamás no los encuentran o no saben que están enterrados, los dejamos en fila y así pueden verlos".

"¿Y cómo hacemos para que esas mamás sepan que están ahí y los han desenterrado?".

"Ay, Loretta, cuando se desentierra un bebé, toda mamá sabe cuál es el suyo y por dónde está, tú no te preocupes de eso...".

En realidad este caso no duró mucho tiempo, una vez que la niña consiguió integrar aquellas emociones o energías que sentía dentro de sí y no les daba explicación ni palabra. Cuando los padres pudieron articular toda una narrativa alrededor del suceso, poniendo palabras a esos momentos que ella vivió dentro del seno materno, ella se apaciguó y le dio un sitio a Marcos. Lleva en su cuello la cadena con el símbolo que escogió para su hermano. "Así nos acompañamos los dos", me dijo cuándo lo trajo y me lo enseñó.

Todas estas historias de por sí son complicadas, es como poder o querer hablar de algo que no vemos, de lo que no se tienen pruebas palpables pero de lo que los niños hablan con sus juegos simbólicos o sus mismas frases. Es como si cada juego denunciara o pusiera en evidencia algo que hemos olvidado o ignorado pero que ellos sí saben porque lo vivieron y lo sintieron".

El gemelo solitario peter bourquin - carmen cortés

El segundo caso ha sido comentado por Diana Cornejo de Baumann y trata sobre un niño que fue concebido mediante la fecundación in vitro. Se podría llamar 'Juan necesita encontrar una casa segura para él y sus hermanos'.

"¿Cuáles son las relaciones que se establecen entre estos hermanos desde el vientre materno? ¿Cómo viven los niños supervivientes esta primera experiencia? y ¿Qué ocurre con los hermanos muertos?

Quiero compartir la experiencia de uno de estos niños que vivieron en el vientre materno la vivencia límite de pérdida de varios de sus hermanos antes de nacer, y cómo este niño, a quien podemos llamar un superviviente, seguía unido a sus hermanos muertos, cargando con ellos en el quehacer de su propia vida. Este niño no sabía que en su experiencia dentro del útero había vivido la muerte de sus hermanos; pero los 'imaginaba', es decir, que dentro de su mente y su alma cargaba con estos hermanos. Vivir esta primera experiencia a una edad tan temprana, ya que aún no había nacido, lo marcó de tal modo que años después presenta síntomas donde los hermanos 'imaginados' continúan presentes en él como una sombra pesada.

Quiero explicarles el sentido de los juegos, construcciones o dibujos en la terapia infantil, ya que son imaginados y creados por los niños a partir de representaciones de su mundo interno. En ellos se puede ver lo que está ocurriendo en la persona más allá de su síntoma en el aquí y ahora, como comunicaciones de aquello que aún no tiene palabra.

Juan fue concebido junto a otros cinco hermanitos. Sin embargo los doctores ven que no hay posibilidad de que, con las dimensiones del útero de mamá, puedan sobrevivir los seis. Al mes de la concepción se decide 'una reducción del número de embriones fecundados' (este es el término técnico) por lo que se pasan unas agujas a tres de los seis óvulos fecundados, de manera que solo continúan con el proceso de gestación tres de ellos. Finalmente llegan a nacer dos bebés, Juan y una hermana.

Juan a los cinco años se arranca las pestañas. Cuando tiene que entrar al colegio, llora desconsoladamente y su aprendizaje se encuentra interferido por la angustia: Juan no puede ver puntas, desvía la mirada cuando ve una en una mesa, en un mueble o en la punta del lápiz con que está aprendiendo a escribir en el colegio.

Su primer juego conmigo duró varias sesiones: Juan quería poder construir un nido para seis huevitos; él contaba que de los huevos iban a nacer pajaritos con los ojos azules −como los suyos. (Fig. 1)

Fig. 1.

No le bastó el nido para los seis huevos, necesitó hacer luego una casa de madera y después otra casa más encima para que estuviera más segura. Una casa que 'nadie pueda nunca alcanzar'. (Fig. 2)

A Juan nunca le han contado su historia dentro del útero, sin embargo en su mundo interno la sombra de estos hermanos continúa presente. Ante la sensación de precariedad y peligro de la propia vida, la suya y la de los otros, Juan siente una fuerte necesidad de tener que conseguir un alojamiento seguro para todos y defenderse de todo aquello que pueda ser puntiagudo e hiriente.

Juan nos muestra así cómo él revive continuamente la historia de sus hermanos y la experiencia de haber sentido cómo eran violentamente arrancados. Pero lo más importante es que en su interior no tiene claro sus límites sobre quién es él: si él es quien murió o quien consiguió vivir.

189

Fig. 2.

Por lo tanto, Juan necesita saber su historia, saber que tuvo otros hermanos y que ellos no pudieron vivir, y poder compartir con sus padres la ausencia de sus hermanos. Para no cargar con ellos, tiene que realizar el proceso de poder despedirse y reconocer que él sí está vivo. Solo así podrá dejar de cargar a sus hermanitos como si fueran una parte suya y empezará a vivenciar que es a él a quien le toca vivir".

30
Los padres hablan

Parte de nuestra responsabilidad Tal como hemos visto en el capítulo anterior, los niños pequeños a veces expresan recuerdos en forma de sensaciones o imágenes que tienen que ver con su primera etapa de vida, la etapa intrauterina. Una fuerte experiencia como es el haber perdido a uno o varios hermanos en el vientre materno, está presente de forma bastante consciente en los niños durante sus primeros años. Quizá no tengan la misma capacidad o facilidad para expresar lo que les está ocurriendo como tendríamos los adultos, pero sus vivencias son igualmente intensas y claras.

¿Cómo pueden acompañar los padres a un hijo cuando saben o sospechan que puede ser un gemelo solitario? Esta es una pregunta que a veces nos hacen padres o madres al afrontar este tema. La primera respuesta que nos surge es ¡escucharlos! Y darles espacio para sentir y expresarse, acompañándole en lo que le esté ocurriendo y tomándole en serio. Probablemente necesitan expresar la tristeza, la rabia o la confusión por no entenderse bien, y para un niño pequeño es mucho más fácil hacer esto si tiene un adulto al lado que le acompañe. Para los niños, (como para los mayores) algo muy importante es ser tomados en serio.

Un adulto que no tenga conocimiento de que su hijo puede haber perdido a un hermano en el útero quizá no tome en serio expresiones de su hijo que pueden referirse a sus recuerdos de la etapa intrauterina, o a su sensación de que le falta un hermanito o hermanita, y lo escuche como fantasías, cuando en realidad está hablando de sus experiencias.

El gemelo solitario peter bourquin - carmen cortés

En los relatos que siguen ahora vamos a escuchar a dos madres compartir su experiencia y sabiduría al encontrar formas de responder a la pregunta anterior.

En el primero podemos escuchar a una madre que acompaña a su hija, Mariía, en el descubrimiento de ser gemela solitaria y como integrar esa vivencia; el segundo es un impresionante relato de unas madres que sabiendo que esperan gemelas pierden a una de ellas durante el parto.

La muerte de un gemelo en el parto o posparto sigue ocurriendo de vez en cuando, aunque con menos frecuencia que en otras épocas, ya que un parto gemelar siempre conlleva un mayor riesgo. La historia de Kala y Uma ilustra lo que significa para los padres vivir simultáneamente el nacimiento de una hija y la muerte de la otra. Isabel, una de las dos madres, encuentra palabras para ilustrar con todo un abanico de matices este proceso tan complejo entre los polos del duelo y la alegría, y describe maneras que han encontrado para asentir poco a poco a esta realidad y ayudar a su hija viva en ello. Es, con diferencia, el testimonio más largo en nuestro libro, pero lo hemos incluido casi íntegramente ya que nos parece que leerlo puede ayudar en gran medida a otros padres que pasen o hayan pasado por una experiencia similar.

La historia de María*

Durante el embarazo de María yo tuve que descansar durante varias semanas debido a una hemorragia en el primer trimestre. Al parecer tenía un desprendimiento de la placenta. Su parto fue complicado, María nació inconsciente por cesárea de emergencia, y durante los primeros días desarrolló una meningitis viral.

De pequeña era una niña muy tranquila, suave, tolerante, y muy pronto comenzó a interesarse por la muerte, hablaba mucho de ella. Ya en esa etapa de dos, tres y cuatro años ella tuvo algunos momen-

---

* Claudia Pinheiro de Lisboa ha publicado un pequeño y precioso librito que, con la ayuda de dibujos, explica a los niños lo sucedido.

tos de desesperación compulsiva en la que sin justificación aparente estallaba en un llanto inconsolable y llamaba a su mamá con todas sus fuerzas, incluso cuando se encontraba en el regazo de su madre.

Yo no tenía ninguna información sobre los gemelos solitarios entonces; sin embargo, algún tiempo más tarde, cuando supe de ello recordé algunas características suyas que podían estar relacionadas. Una de ellas es que, desde pequeña, María dijo que no quería crecer, quería quedarse bebe para siempre, y se molestaba mucho cuando le decían que estaba muy grande. A los cuatro años, cuando entró en el jardín de infancia, empezó a hablar de una amiga imaginaria, Catalina, y tenía la esperanza de encontrarla allí en el jardín de infantes. Después de cuatro semanas de esperarla todos los días, un día llegó a casa de la escuela quejándose y llorando, diciendo: "Parece que Catalina no existe, no va a venir nunca...". Otra manifestación, que más tarde comprendí mejor, era que ella estaba aterrorizada de ganar en los juegos infantiles; lloraba desesperada y decía "Yo no quiero que otros pierdan...".

El gemelo solitario peter bourquin - carmen cortés

Fue cuando María tenía unos seis años que descubrí que yo misma era gemela solitaria. Por supuesto yo compartí este descubrimiento con mi familia, y poco a poco también fui entendiendo las señales de mi hija María.

En ese momento María entró en la escuela primaria y unió unas hojas blancas con un hilo para escribir un libro. En él hizo un dibujo de dos niñas gemelas, cada una con burbujas de pensamiento, una pensaba en los padres y la otra pensaba en una imagen de santos o ángeles que ella coloreó. Dijo que iba a escribir un libro y ese sería el tema.

La prueba más clara que tuve sobre su experiencia con su hermana gemela fue cuando un día, después de haber ido a misa, en un momento en que estábamos las dos solas en el coche, me preguntó: "¿Tu hermana gemela estaba en tu vientre?". Le dije que no, que estaba en el vientre de mi madre, a lo que ella respondió. "Así, era mi hermana gemela la que estaba en tu vientre conmigo". Me sorprendió y le pregunté a ella qué había sucedido, y ella dijo: "Ella estaba allí conmigo y jugábamos los dos. Después crecí mucho y ella se fue haciendo pequeña, hasta ser solo un puntito". Le pregunté cómo se había sentido, y María contestó: "Mal, por supuesto, yo estaba muy triste". Después de relatar esta historia se sintió enferma, débil, mareada, pero también enojada. Yo dejé que ella expresara todo lo que quiso, aceptando su malestar. Más importante aún, demostré creer en su relato; poco después le di un abrazo y le hice una taza de té, y después ella se encontró mejor y se fue a jugar.

También ocurrió una vez, que María lloró porque le conté un sueño que tuve de haber perdido a una hija en el mar: "...de repente ya no estaba allí...". Ella necesitó varias horas para calmarse. Ahí fue cuando le dije que su reacción podría estar relacionada con que ella hubiera perdido una gemela, y al decírselo algo se iluminó en ella.

Otra situación que recuerdo fue cuando María, en un periodo en que se encontraba más triste, espontáneamente dijo que iba a volver a encontrar a su hermana gemela. Le expliqué que no, que su hermana ya no podría volver a vivir, que ella se había ido para siempre.

Ella hizo un silencio y con una sonrisa dijo: "Cuando yo me muera voy a volver a encontrarla".

Lo que veo con María es que ella era una niña contenida, su calma y tranquilidad fueron más el resultado de la tristeza que llevaba dentro de sí misma que de su carácter. Tenía poca energía vital, no se soltaba... la vida para ella era confusa.

Ella necesitaba mucho ser reconocida en su historia. Necesitó que yo, su madre, le dejara sentir esa tristeza. Fue así que poco a poco, sin darse cuenta y a su propio ritmo, ella fue capaz de respetarse a sí misma y también al dolor, y descubrió el placer de vivir.

Hoy María tiene 13 años, es una niña integrada, muy empática, sensible al ambiente y a las personas que la rodean, pero ya no es tan contenida, se permite vibrar de alegría, enojo o de todo aquello que la vida contiene. María ya no quiere hablar de su historia de gemela solitaria con todo el mundo. Es un asunto muy íntimo que sólo comparte con algunos en circunstancias especiales.

Claudia Pinheiro

Sobre Kala y Uma

Nunca olvidaremos el momento en que nos dijeron que esperábamos gemelos, la emoción fue tan fuerte, el agradecimiento a la vida, al universo, a la providencia, a dios, era tan grande! Nos sentíamos tocadas por algo mágico que solo la vida te puede regalar.

Mariona cuenta que el embarazo fue el mejor momento de su vida, el estado de plenitud más largo que ha experimentado. Las niñas crecían y con ellas nuestra ilusión y nerviosismo por el momento del parto y nuestro encuentro con ellas. Y el momento llego, se rompieron las aguas, estuvimos en casa los primeros momentos de la dilatación y nos fuimos hacia la clínica cuando notamos que ya llegaba el momento final... era tan emocionante!

La primera que nació fue Uma, costó de salir, parecía que no terminaba de hacer la fuerza suficiente para salir, cuando finalmente salió con fórceps y la pusieron en el pecho de Mariona, enseguida notamos que algo no iba nada bien, cortaron el cordón y se la llevaron a la salita de al lado para reanimarla, nosotras podíamos ver como hacían muchas maniobras para reanimarla, mientras Mariona daba a luz a Kala.

Bajaron las cortinas de la sala de reanimación, algo no iba nada bien, se llevaron enseguida a Kala, la segunda en nacer y al poco de expulsar la placenta, la ginecóloga nos informó de que la primera niña que había nacido, había muerto.

Nunca, nunca olvidaremos ese momento, la frase "la primera niña está muerta", la otra está en neonatos para prevenir posibles peligros. Fue tan grande el dolor!

¿Cómo podía ser que al mismo tiempo la vida y la muerta se apoderaran de nuestra familia, de nuestras ilusiones, de nuestro futuro?

Es doloroso, es devastador.

¡La muerte es fría!

Después de la desolación, pedimos poder ver a Kala, el bebé que sobrevivió, estaba bien, en su incubadora, congestionada de tanto llorar, ¡nos sabia tan mal!, ¡no había consuelo para Kala!, se nos ocurrió cantarle suave... Llego algo de calma, pero la verdadera calma fue cuando pudo ser abrazada por el pecho de su madre.

También pedimos poder ver a Uma. En la clínica nos lo concedieron y nos dejaron una salita con su cuerpecito envuelto en una tela verde, pudimos abrazarla, estuvimos un tiempo las tres solas. Sin saber aún muy bien porque, quisimos hacerle fotos, (que gran bendición es ahora tenerlas), quisimos retenerla, la abrazamos, la besamos, le dijimos muchas cosas bonitas, lo doloroso de su perdida, lloramos, nos despedimos de su cuerpecito ya frío de recién nacido.

Aquí empezó nuestro duelo, cada una lo vivió como pudo, ahora podemos decir que para sobrevivir a ese dolor, cada una encontró su forma, una entrando en una honda y profunda tristeza, la otra en un intenso y violento enfado con el mundo. Solo pudimos encontrarnos en el dolor cuando logramos llorar juntas y darnos calor por el frío de una muerte tan inesperada.

Fuimos a un grupo de padres que habían pasado por la misma experiencia, ¡la muerte de un hijo antes del primer año de vida, le pasa a tanta gente! Fue reconfortante compartir, es necesario, es sanador, porque en ese lugar nadie intenta consolarte, nadie pretende sacarte de tu proceso; se escucha y se deja espacio al dolor con respeto.

La culpa es un sentimiento que estuvo muy presente, al principio era enorme, pensábamos la cantidad de cosas que si hubiéramos hecho de otra manera, igual tendríamos a nuestra hija con nosotros, por ejemplo llegar antes al hospital, pedir una cesárea, quejarnos más... la culpa es voraz con la mente; sentíamos que no habíamos sido capaces de cuidar de nuestra hija, que no lo habíamos hecho bien, que nosotras como adultas teníamos recursos para evitarlo...

Además la culpa es un sentimiento que no desaparece fácilmente, ha estado instalada en nuestras mentes durante mucho tiempo.

Una de las cosas más difíciles de llevar es ver como el entorno reacciona a la muerte de un bebe, diciendo cosas tan poco meditadas, como "bueno no os quejéis que al menos tenéis una, hay gente a la que se les mueren las dos", "bueno ya está bien no lloréis más" (a los 3 meses de la perdida), personas que conocíamos pero que no nos saludaban, porque más tarde nos dijeron que no sabían qué tenían que decirnos por la muerte de nuestro bebe, personas que cuestionaban si hubiéramos hecho tal cosa o tal otra igual estaría viva... la verdad muy desafortunado.

Al morir en el parto no le pudimos poner a nuestra hija su nombre, sino que queda registrada como "feto de..." porque no ha sobrevivido a las 24h, eso nos resultó doloroso. Para nosotras ya era una persona desde el momento en que crecía en el vientre de su madre. Pero así es la ley en España.

Teníamos claro que nosotras teníamos que dar un lugar a nuestra hija, nos entregaron sus cenizas y con un grupo muy íntimo de *amigos y familiares, realizamos un funeral, un rito de despedida. Compramos un árbol centenario de 400 años, un olivo, con una raíz común muy grande y dos ramas muy gruesas que luego se separaban, una subía hacia el cielo, la otra se mantenía en horizontal, ese árbol iba a ser el símbolo de Uma en la tierra, nos reunimos en círculo, todo estaba preparado para plantar el árbol, un agujero inmenso en la tierra donde pondríamos las cenizas de Uma, su placenta, unas botitas que nos habían regalado, una ofrenda representada en un trozo de tela; dejamos que los que participaron de la despedida pudieran expresar los deseos que tenían para Uma en su tránsito, todos hablamos, todos participamos en que el olivo quedara bien plantado en la tierra, todos le hablamos a Uma, todos deseamos lo mejor para su alma....*

Al principio nos era muy difícil encontrar gemelos por la calle, nos provocaba bastante rabia, todo el tiempo veíamos cochecitos de gemelos por la calle, nosotras habíamos tenido que vaciar la casa de todos los objetos dobles que habíamos adquirido.

La profunda tristeza, el enfado, el sentido de injusticia, el rechazo, la rabia, la desolación... la alegría por la vida de Kala —era una niña muy sana; todo se daba en el mismo momento. Entre la alegría y la tristeza, entre la muerte y la vida, entre la rabia y la vulnerabilidad, ¡entre el vacío y la presencia!

Kala lloraba mucho al principio, nosotras teníamos claro que estaba triste, que estaba desolada y se sentía sola, solo su madre le daba alivio. Aprendimos a distinguir el llanto de hambre, sueño, cambio de pañal, del llanto de tristeza, que normalmente era más nocturno y desconsolado, ¿cómo podíamos acompañar a nuestro bebe en su duelo?, con presencia; teníamos tan claro que lloraba a su hermana ausente.

Este llanto se fue convirtiendo en dificultad para quedarse sola a la hora de dormir, en el momento de coger el sueño. Kala tiene siete años y en ocasiones le sigue costando quedarse sola, le cuesta mucho el momento de la separación, se agarra a los brazos y busca escusas para tenerte a su lado diez minutos más, nosotras a veces pensamos que no sea una pequeña rememoración de la separación con su hermana que ella acusa algunas noches...

Y desde el principio, siempre Uma ha estado presente en la vida de Kala, le contábamos que tenía una hermana y que murió y que estaba bien donde estaba... poco a poco fue creciendo y Uma estaba muy presente en nuestra vida cotidiana, al principio desde un lugar muy triste, desde su falta, desde la ausencia... no podía ser de otra manera en ese momento, todo era muy reciente y el duelo es largo, cada avance que Kala hacía, como aprender a gatear, andar, hablar, jugar... siempre había un aguajero a su lado, la ausencia ocupa espacio.

En la escuelita donde Kala iba, estaban al corriente de Uma, y nos contaban que en ocasiones durante la comida Kala cogía dos boles, dos cucharas y dos vasos...

Sus relaciones en la escuelita eran íntimas, cada vez que intimaba con una amiga, la relación era fuerte. La existencia de su hermana solo se la comunicaba a los amigos íntimos, era como compartir algo muy especial, a veces no sabía cómo expresarlo y sus educadoras la ayudaban, nos entendieron tanto y nos hizo tanto bien esa escuelita!

En todo este proceso, que sigue, sabíamos que la forma de salir adelante era aceptar la muerte de Uma, pero no era nada fácil, cuando veíamos gemelos en la calle, cuando Kala lloraba por que la echaba de menos, cuando celebrábamos cumpleaños siempre había la ausencia. Más adelante hacia los tres años pudimos llegar a experimentar la aceptación que nosotras llamamos corporal o más profunda, que es la de recordar a Uma o hablar de ella sin tristeza, con cierta paz en nuestros corazones, en nuestra mente y en nuestras emociones.

A ello nos ayudó una compañera que nos dijo que cada vez que habláramos de Uma lo hiciéramos con cierta alegría, como diciendo lo que a ella le gustaría estar en tal o cual sitio, si le gustaría estar en esta celebración, esta comida... etc., como hablando de una participación positiva de ella en nuestras vida. Esa fue una gran clave para entrar en ese nivel de aceptación más sanadora.

Para los momentos en que Kala lloraba porque decía que añoraba a su hermana, y preguntaba por qué había tenido que morir ... ella decía que la quería aquí, no allí, ya lo podía especificar muy bien... para esos momentos aprendimos a gestionarlo de diferentes formas, al principio le decíamos a Kala que le dijera lo que quisiera decirle a Uma o bien hablando o a través de pensamientos y que luego tocara un "gong" que tenemos en casa, así a través del sonido y de la vibración Uma podía percibir lo que Kala le quisiera decir. Más adelante compramos un cuaderno muy especial, muy bonito que era "la libreta de Kala para Uma" y es el lugar donde Kala expresa lo que siente cada vez que dice que quiere a Uma aquí con nosotros, o también cuando ha habido un acontecimiento importante para ella o para la familia, es como que se lo hace saber a través de un dibujo o de unas frases escritas.

Kala empezó a hablar de Uma, montando todo un mundo acerca de lo que hacían cuando estaban en el vientre de Mariona, de cómo jugaban, si subían a toboganes, colchonetas, saltaban, etc. todo un mundo... hablaba de cómo viajaban por el mundo y lo grande que era el mundo, nos contaba incluso que habían construido el mundo ellas dos, está claro que hablaba de su propio mundo, de su relación, era muy bonito escucharlo.

Buscamos una muñeca que era un regalo que le hacíamos nosotras a Uma, pero que estaba aquí, a Kala le encantó la idea y esa muñeca la acompaña en su cama muchas noches.

Lo que si podemos decir es que Kala es una persona que siempre necesita mucho contacto, es muy corporal y le gusta estar cerca de las personas a las que considera intimas en contacto corporal con ellas, sobre todo con Mariona, la madre biológica, siempre que está cerca necesita que alguna parte de su cuerpo este en contacto.

También vemos que crea relaciones muy íntimas y que le cuesta soltarlas, pero parece que la vida se lo pone delante constantemente y parece también que ella sabe que debe aprender esto, porque aunque le cause mucho dolor, acaba por soltar, nos referimos a amigas íntimas que cambian de escuela, profesores con los que tiene un buen vínculo que se trasladan, etc.

Kala vive la muerte como algo muy familiar, incluso durante un tiempo a los tres años, empezó a decir que su padre, al que no conoce, porque somos dos madres, estaba muerto, igual que su hermana, fue un tiempo en que ella relacionó ausencia con estar muerto. Nos costó sacarla de esta idea, pero no forzamos, con paciencia le decíamos que no era así y le explicábamos la forma en que habían sido concebidas; ahora está totalmente superado, cada uno ocupa su lugar.

'El tiempo lo cura todo' es una frase muy popular y que al principio de la muerte no la queríamos ni escuchar, no nos proporcionaba ningún alivio, y escucharla nos parecía muy irrespetuoso hacia nuestro duelo, pero ciertamente es así, sentimos que el dolor de la pérdida siempre estará en nuestro corazón, pero también podemos ver que nos ha hecho crecer como personas, como pareja, como familia... atravesar todo este proceso, ¡es tan importante darle un lugar!

Tenemos una nueva hija, Lua, tenemos tres hijas, y así nos lo recuerda Kala, cuando alguien no muy cercano nos pregunta cuantas hijas tenemos y le respondemos dos, siempre sale Kala y dice, "¡NO...! Somos tres" con una naturalidad impresionante.

Siempre que hay una celebración con pastel, le cortamos un trozo y lo dejamos en el agujero de un árbol... nunca hemos ido a ver si se lo ha comido...

Isabel Montero y Mariona Canadell

Quinta parte
Huellas gemelares en la cultura

"No he soltado a mi ángel mucho tiempo,
y se me ha vuelto pobre entre los brazos,
se hizo pequeño, y yo me hacía grande:
de repente yo fui la compasión;
y él, solamente, un ruego tembloroso.

Le di su cielo entonces: me dejó
él lo cercano, de que él se marchaba;
a cernerse aprendió, yo aprendí vida,
y nos reconocimos lentamente..."

Rainer Maria Rilke

El gemelo solitario peter bourquin - carmen cortés

Empezamos este libro con un resumen de lo que la ciencia sabe hoy en día sobre el comienzo de la vida gemelar en el útero materno, para explicar e ilustrar a continuación cómo un gemelo solitario siente, piensa y actúa esta vivencia que le ha marcado tanto. Después reflexionamos sobre los pasos hacia la integración y lo que uno puede hacer para sanar esta herida profunda en su ser y dar un buen lugar al gemelo muerto en su vida. Queremos concluir este 'viaje' siguiendo las huellas que el tema de los gemelos ha dejado a lo largo de los tiempos en diferentes culturas.

Los gemelos han fascinado a la humanidad desde tiempos inmemoriales y esta fascinación se ha manifestado en todo tipo de expresiones culturales a lo largo de la historia como creaciones literarias, obras de arte, música, cuentos y mitos. Vamos a dar un vistazo a la presencia de este tema en el mundo del arte y la cultura. La última palabra la reservamos para Platón que ya hace 2.500 años nos habló del amor en su famoso diálogo *El banquete*, diciendo: *"... que ninguno se negaría ni daría a entender que desea otra cosa, sino que (...) lo que, en realidad, anhelaba desde hacía tiempo: llegar a ser uno solo de dos, juntándose y fundiéndose con el amado".*

31
Ejemplos contemporáneos

En la cultura contemporánea podemos encontrar muestras de la huella gemelar en la literatura, las artes plásticas y la cinematografía. Dada la naturaleza del tema, expondremos tanto ejemplos explícitos como implícitos, en el sentido de que probablemente el artista mismo a menudo no fue consciente de que su creación era una manifestación de un recuerdo muy temprano de su vida guardado en su inconsciente. Igualmente su expresión artística podría venir de más allá de su historia personal, inspirada por lo que C.G. Jung llamaba 'el inconsciente colectivo de la humanidad misma'. Todo esto deja un margen muy amplio de interpretación y somos conscientes de que los ejemplos que incluimos en esta parte del libro responden a nuestro propio criterio.

Cine

Veamos para empezar algunas películas:

Le grand bleu es una película de 1988, dirigida por Luc Besson, y protagonizada por Jean-Marc Barr, Rosanna Arquette y Jean Reno. En España se llama *El gran azul*, en Hispanoamérica *Azul profundo*. La película trata en un primer plano sobre la rivalidad y la amistad entre dos célebres competidores buceadores. Ilustrado con muy bellas imágenes del mundo submarino que a la vez evocan el mundo intrauterino, cuenta la dificultad de uno de ellos de relacionarse con otras personas y la vida misma, así

El gemelo solitario peter bourquin - carmen cortés

como su búsqueda de reencontrarse con una felicidad perdida que le libere de su profunda soledad, y de la cual ni su novia consigue sacarle. En la última escena desaparece en las profundidades del mar, en compañía de un delfín.

Nell en España y titulada *Una chica llamada Nell* en Hispanoamérica, es una película estrenada 1994, protagonizada por Jodie Foster y Liam Neeson y dirigida por Michael Apted. Nell es una joven mujer que ha vivido toda su vida en la naturaleza, únicamente en contacto con su hermana gemela y su madre, quien padeció un trastorno del habla conocido como afasia, y que ya murieron. Cuando dos científicos descubren a Nell, tratan de investigarla, estudiarla, con el fin de averiguar cómo ha sobrevivido durante toda su vida en medio del bosque. Tratarán de descifrar su extraña lengua, sus extrañas costumbres e intentarán que se relacione con humanos, pero poco a poco se darán cuenta de que este extraordinario ser les enseñará mucho más de la vida de lo que ellos se imaginaban en un principio. A la vez es fascinante ver en la figura de Nell cómo se sigue relacionando con su gemela muerta y como madura su proceso de integración de la pérdida desde una joven adolescente a una mujer.

La doble vida de Verónica es una película del año 1991 dirigida por Krzysztof Kieślowski. La película trata sobre el mito del *Doppelgänger*, o la existencia del doble. Según dicha leyenda, ver al doble puede resultar fatídico para una de las dos identidades. También existen versiones que afirman que los actos de uno de los dos redimen los actos del otro, tal vez a través de las premoniciones o los famosos 'Déjà Vú'. Weronika vive en Polonia y tiene una brillante carrera como cantante pero padece una grave dolencia cardíaca. En Francia, a más de mil kilómetros, vive Véronique, otra joven idéntica que guarda muchas similitudes vitales con ella, como sus dolencias y su gran pasión por la música. Ambas, a pesar de la distancia y de no tener ninguna relación, son capaces de sentir que no están solas y perciben de alguna manera a la otra. Queremos recordar este detalle de un testimonio: *"Cuando yo era pequeña estaba convencida de que en el otro lado del mundo vivía alguien que era exactamente igual que yo y que cuando yo fuera mayor iría a buscarla".*

Más allá de la vida (*Hereafter*, en su versión original) es una película dirigida por Clint Eastwood en 2010. El film narra tres historias paralelas acerca de tres personas afectadas de diferentes formas por la muerte; George, quien tiene la habilidad de comunicarse con los muertos; Marie, quien sobrevive a un tsunami, pasando por una experiencia de casi muerte, y Marcus, un niño que pierde a Jason, su gemelo, y que busca desesperadamente a alguien que le ayude a comunicarse con su hermano de nuevo. La historia de estos tres personajes se va narrando a lo largo de la película hasta establecer una conexión entre ellos. La búsqueda infatigable de Marcus y su sensación de no estar completo sin su hermano y tampoco preparado para una vida propia después de su muerte repentina, nos parece un ejemplo muy ilustrativo de las huellas que lleva un gemelo solitario.

Música

Si recuerdas la película *Titanic*, quizás todavía puedas escuchar la canción *My heart will go on* de Céline Dion en tu interior. Este tema musical principal de la película hizo emocionarse a mucha gente. ¿Te has fijado en su letra? Aquí reproducimos un fragmento:

> *"Cada noche en mis sueños*
> *te veo, te siento,*
> *de esa manera sé que perduras.*
>
> *Estás aquí, no tengo nada que temer*
> *y sé que mi corazón seguirá,*
> *permaneceremos así para siempre*
> *en mi corazón estás a salvo*
> *y mi corazón seguirá y seguirá".*

El gemelo solitario peter bourquin - carmen cortés

A propósito de letras de canciones: hemos encontrado unas cuantas canciones que, con sus palabras y las emociones que evocan, describen vivencias que encajan realmente bien con el sentir de los gemelos solitarios. Sospechamos que en más que un caso el cantante o compositor ha plasmado de forma inconsciente su propia experiencia, expresando su anhelo, su tristeza, su sentirse incompleto, etc. ¿Cómo se puede explicar de otra manera una canción como ésta?*

"Uno en la noche, uno al despertar,
uno soñando una mitad,
uno asustado, uno y su dolor,
uno queriendo ser dos

uno desierto, uno mar azul,
uno en el filo, uno inquietud,
uno buscando, uno desamor,
uno queriendo ser dos

uno dudando si hay o no verdad
uno mil veces soledad
uno escuchando a su corazón
uno queriendo ser dos

uno mentira, uno realidad
uno la herida y la sal,
uno pregunta sin contestación,
uno queriendo ser dos

donde estaré mañana
donde estarás mi amor
bajo el sol abrázame
fundidos los dos
en un corazón".

---

* 'Uno queriendo ser dos' de la cantante Noa, incluida en su CD: *Blue touches blue*, año 2000.

208

Hay una canción de Loreena McKennitt titulada *The old ways* y de cuyo texto reproducimos aquí un fragmento. Está escrito con una gran fuerza poética y la imagen que describe nos parece muy evocadora:

> *"De repente supe que tenías que marchar*
> *Tu mundo no era el mío, tus ojos me lo dijeron*
> *Sin embargo estaba ahí, y yo sentí la encrucijada del tiempo*
> *Y me pregunté por qué*
>
> *Al poner nuestros ojos en el mar embravecido,*
> *Una visión me sobrevino*
> *De cascos atronadores y batir de alas*
> *Arriba en las nubes*
>
> *Cuando te diste la vuelta para marchar, te oí llamarme*
> *Eras como un pájaro enjaulado, desplegando sus alas para volar*
> *'Los viejos caminos se han perdido', cantaste mientras volabas*
> *Y yo me pregunte por qué*
>
> *Las olas atronadoras me llaman a casa, a casa, a ti*
> *El palpitante mar me llama a casa, a casa, a ti".*

El famoso Elvis Presley es uno de los pocos artistas del cual se sabe que fue gemelo. Jesse Presley, su hermano gemelo, nació muerto 35 minutos antes que él. En la casa de sus padres siempre estaban hechas las dos camas de los niños. Algunas de sus canciones expresan un anhelo, un amor fusional, y hasta una melancolía muy propia de un gemelo solitario. Murió a los 42 años a causa del prolongado abuso de drogas y medicamentos. Sería demasiado interpretativo por nuestra parte decir que su tendencia hacia la muerte tuvo que ver únicamente con la pérdida de su hermano ya que se sabe que tanto la muerte de su madre como la separación de su mujer le causaron graves depresiones. Pero aquí una vez más se puede ver como llueve sobre mojado cuando hay pérdidas repetitivas, agravando la herida original.

El gemelo solitario peter bourquin - carmen cortés

Literatura

Conocemos algunas novelas que tratan el tema del gemelo:

En *El dios de las pequeñas cosas* de la hindú Arundhati Roy, Rahel vuelve a su hogar de infancia para encontrarse con su gemelo después de más de veinte años de separación. Esta, el hermano, ha dejado de hablar, y Rahel ha dejado de sentir. Su reencuentro les permite recordar y pasar por el duelo de su infancia desastrosa. Juntos recuerdan pequeñas cosas, aparentemente carentes de importancia pero vitales para reconstruir su sentimiento de paz interior.

La autora estadounidense Audrey Niffenegger escribió *Una inquietante simetría*. La prematura muerte de su tía londinense transforma abruptamente la vida de sus sobrinas, las gemelas Julia y Valentina. En esta divertida historia se tratan diversos temas como las gemelas –donde se ahonda en la peculiar relación entre ellas–, los espíritus, la muerte y el amor, con algunos ingredientes parecidos a los mitos griegos.

Por supuesto que no podemos tener la certeza de si un artista es un gemelo solitario simplemente con mirar su obra y sin tener datos objetivos como en el caso de Elvis Presley o Philip K. Dick, del que vamos a hablar en un momento; pero como la gran mayoría de los gemelos solitarios pierde a su hermano en los primeros tres meses de gestación, sin que queden rastros, indudablemente existen muchos gemelos solitarios desconocidos y no es difícil que algunos artistas lo sean. Ese sería el caso, por ejemplo, de Oscar Wilde, quien, por su novela *El retrato de Dorian Gray* o su cuento *El gigante egoísta*, nos hace intuir que podría tratarse de un gemelo solitario. También su doble vida como esposo y padre, por un lado y amante de hombres, por el otro, apuntaría en esta dirección.

El escritor estadounidense de ciencia ficción Philip K. Dick, autor de libros que fueron posteriormente adaptados al cine como *Blade Runner*, *Total Recall*, *Minority Report* o *Matrix*, fue también gemelo solitario. Ambos nacieron prematuros en diciembre de 1928 y, a causa de la precaria situación económica de los padres, su hermana Jane murió a los 41 días de nacer. El trauma de la muerte de Jane lo persiguió a lo largo de una vida llena de constantes problemas psicológicos y depresiones. Philip K. Dick siempre pensó que podía conversar con su hermana muerta, y de alguna manera se sentía acompañado por ella en medio de sus problemas, que lo aterrorizaban. Para él su hermana gemela era su refugio seguro y protector en contraposición a su vida aquejada por la depresión, la agorafobia, el asma, las drogas y visiones.

Su experiencia se refleja en varios de sus libros, como por ejemplo en su novela *El Dr. Moneda Sangrienta* en donde uno de los personajes es una niña en cuyo vientre vive el hermano que nunca ha visto, pero al que escucha y con el que juega todos los días: "Él no sabe muchas cosas, Él no ve nada pero piensa. Y yo le digo lo que está ocurriendo para que no se lo pierda".

Después de su muerte en 1982, su padre llevó las cenizas del escritor a Fort Morgan, en el estado de Colorado. Cuando su hermana melliza falleció, su tumba fue inscrita con los nombres de los dos, con un espacio vacío reservado para la fecha de muerte de Philip K. Dick. Finalmente, ambos hermanos descansan en paz el uno al lado del otro.

Pintura

Mientras que en general es difícil sacar conclusiones desde el lenguaje pictórico de un artista, por ser ambiguo, nos llama la atención la pintura de Frida Kahlo, que podría ser perfectamente la obra que hubiera pintado un gemelo solitario. Lo particular en ella es que refleja en sus cuadros los sucesos de su vida y los sentimientos que le producían, o como ella misma dijo: "Pinté mi propia realidad".

Tanto en su obra artística, que sugiere el tema gemelar desde diferentes aspectos, como en la relación con su marido y en otras facetas de su biografía, nos parece ver numerosos indicios de que ella fuera una gemela solitaria.

Estuvo casada con el célebre muralista Diego Rivera, con quien tuvo una relación muy estrecha a la vez que conflictiva que consistió en amor, aventuras con otras personas de ambos sexos, el vínculo creativo y artístico entre ellos, un divorcio en 1939 y un segundo matrimonio un año después. *"Ahora, que me dejas, te quiero más que nunca"*, fue una frase suya apuntada en su diario. Cuadros suyos como *Diego y Frida II*, *El abrazo amoroso*, *Pensando en la muerte* o *Diego y yo* muestran aspectos de su relación de pareja que muy bien podrían ilustrar una relación gemelar por o fusional.

En *Las dos Fridas*, *Árbol de la Esperanza* o *Dos actos en el bosque* se muestra un llamativo desdoblamiento de su persona, a la vez expresando aspectos de la polaridad vida-muerte. En numerosos cuadros suyos aparecen los temas de fertilidad, sexualidad, parto y pérdida. Lo último también fue sin duda motivado por el hecho de que Frida Kahlo misma perdió tres embarazos a lo largo de su vida.

En varios autorretratos suyos se pinta con un animal de compañía, sea un pájaro, un perro o su mono Fulang-Chang, sosteniéndoles en sus brazos o encima de su cuerpo. Sus animales significaban mucho para ella: *"Imagínate, 'Bonito', el pequeño papagayo, ha muerto. He organizado un pequeño funeral con todos los detalles para él, y he llorado terriblemente –él fue tan gracioso, ¿te recuerdas? Diego también estuvo muy triste"*, escribe en una carta a su amiga Emmy Lou Packard.

32
Otras culturas

Cuando dirigimos la mirada a otras culturas, como las de África, Asia o de las llamadas 'culturas primitivas' en diferentes partes del mundo, nos encontramos inevitablemente con el tema del gemelo. Queremos ilustrar aquí solo dos ejemplos. Uno es de Bali, donde, como en muchas otras culturas –también en la nuestra de antaño–, la placenta que sale al final de un parto es tratada de forma especial. Teniendo en cuenta que es la placenta la que reabsorbe a menudo el cuerpo muerto del gemelo evanescente, nos parece llamativo y lleno de sentido este trato cuidadoso.

El otro ejemplo es del Oeste de África, donde vive la tribu de los Yoruba. Su culto respecto a los gemelos muertos se puede considerar 'psicología punta', teniendo en cuenta el desarrollo de la psicología en los últimos 50 años. Sin embargo ¡su culto ya existe desde hace varios siglos!

Bali

El siguiente texto es un fragmento del libro de Elisabeth Gilbert: *Comer, rezar, amar*, publicado en la editorial Aguilar.

"Ketut me explicó que los balineses creen que al nacer nos acompañan cuatro hermanos invisibles, que vienen al mundo con nosotros y nos protegen durante toda nuestra vida. Cuando un bebé está en el útero materno, ya está con los cuatro hermanos, representados por la placenta, el líquido amniótico, el cordón umbilical, y esa sustancia

cerosa de color amarillento que protege la piel de los niños antes de nacer. Al nacer el niño los padres guardan la mayor cantidad posible de esos elementos ajenos al parto en sí y los meten en una cáscara de coco que entierran junto a la puerta de la casa familiar. Según los balineses este es el sagrado lugar de los cuatro hermanos nonatos. Por eso lo cuidan durante toda su vida, venerándolo como un santuario.

Cuando adquiere uso de razón, el niño aprende que tiene cuatro hermanos que lo acompañan vaya a donde vaya, cuidándolo siempre. Los cuatro hermanos habitan en las cuatro virtudes necesarias para hallar la serenidad y la felicidad: inteligencia, amistad, fuerza y poesía. Si estamos en una situación crítica, podemos pedir a los cuatro hermanos que vengan a sacarnos del apuro. Cuando morimos, los espíritus de los cuatro hermanos son los que llevan nuestra alma al cielo".

El culto de gemelos en el Oeste de África[*]

Los Yoruba, con 20 millones de individuos, son el grupo étnico más grande de África. Viven sobre todo en Nigeria, y en Benín. Una particularidad de esta tribu es que tiene un porcentaje extraordinariamente alto de partos múltiples, que es cuatro veces mayor que en Europa. La falta de una red sanitaria moderna y el mayor riesgo inherente en los embarazos múltiples causan una alta mortalidad: alrededor de la mitad de los gemelos muere en el parto o durante su infancia.

No es de sorprender que en su cultura los gemelos tradicionalmente tengan un lugar destacado. Según la tradición de los Yoruba, los gemelos comparten un alma que es inseparable. Cuando un gemelo muere, se rompe esta unidad y pone implícitamente a su hermano sobreviviente en peligro de muerte. Para evitar que el otro siga a su gemelo muerto, tienen un ritual que mantiene la unidad del alma de los gemelos y que a la vez canaliza el proceso del duelo de la madre y de su familia. Los padres encargan un *Ibeji*,

---

[*] Una primera versión de este capítulo fue publicado como un artículo con el mismo título en el ECOS-Boletín de Marzo 2010; como nos parece de gran interés, volvemos a recogerlo aquí.

una pequeña escultura de madera de entre 20 y 30 centímetros de altura. (En el lenguaje del pueblo de los Yoruba Ibeji significa gemelo: IBI = nacido, y EJI = dos.) Esta figura representará al bebé difunto, pero se le da la apariencia de un adulto, con claros signos del sexo de la persona y del clan al que pertenece. El tallista es elegido con la ayuda de un *Babalowo* ('padre de los misterios'), vidente y sacerdote del pueblo. Este habitualmente elige a un particular tallista profesional pero también puede ocurrir que encomiende al propio padre esculpir el *Ibeji*.

Una vez que la escultura está acabada, el *Babalowo* realiza un ritual público para invitar al alma del gemelo difunto a residir en el *Ibeji*. A partir de entonces el *Ibeji* es tratado y cuidado como si el gemelo siguiera de cierta manera vivo. La madre le ofrece comida, lo lava con regularidad, para aplicarle después una mezcla de aceite y polvo de madera roja en el cuerpo y pigmento azul en su cabello, y en algunas zonas lo viste. Se le canta y reza, y también puede que lo lleve consigo, envuelto en su vestido. Es una imagen conmovedora ver cómo sale la pequeña cabeza de uno o dos *Ibeji* de la túnica de la madre. Mientras en los primeros años se guarda el *Ibeji* cerca de la cama de la madre, con el tiempo se le coloca en el altar de los ancestros que hay en casa. La responsabilidad de cuidar a un *Ibeji* es en primer lugar la de su madre, después es de su gemelo vivo y de las mujeres de las generaciones posteriores de la familia.

El primer nacido de los gemelos se llama tradicionalmente *Taiyewo* o *Tayewo*, que a menudo es reducido a *Taiwo, Taiye* o *Taye*. Significa 'el primero en saborear el mundo'. *Kehinde* es el nombre del segundo gemelo, 'el que llega después'. Se dice que *Kehinde* envía a *Taiyewo* para ver cómo es la vida allí fuera en el mundo. De esta manera *Taiyewo* sale y será el primer nacido. A continuación le comunica a *Kehinde*, a través de su forma de gritar, si la vida parece buena o no. De esta respuesta depende si *Kehinde* llega al mundo vivo o muerto. Ambos vuelven al mundo de los ancestros de donde han venido, si la respuesta de *Taiyewo* no es suficientemente buena para ninguno de los dos. Se dice que *Taiyewo* es normalmente el tranquilo e introvertido de los gemelos, mientras que *Kehinde* es más bien extrovertido e inquieto.

El gemelo solitario peter bourquin - carmen cortés

Tener gemelos en una familia se considera una suerte en buena parte del África negra. Se cree que son intermediarios entre los dioses y los hombres, y que pueden influir a favor del bienestar de su familia. Cuando los dos gemelos mueren en el parto, se tallan dos *Ibeji*, porque de esta forma su presencia bendice a su familia, siempre que ellos estén honrados y cuidados ritualísticamente. También se talla un segundo *Ibeji* cuando el primer gemelo muere en el parto, y el segundo gemelo muere posteriormente durante su infancia o adolescencia.

Como en muchas sociedades de África negra, que ven a los gemelos portadores bien de suerte o de desgracia, también los Yoruba han tenido una relación ambivalente respecto a los gemelos. En los viejos tiempos creyeron que los gemelos eran como algo malo y antinatural que no tenía explicación, y que traían mala suerte a su pueblo. En consecuencia era una práctica habitual matar a los recién nacidos. Este cruel trato cambió alrededor del siglo XVIII. Según una antigua leyenda el pueblo de los Yoruba cayó en una profunda melancolía. Cuando a continuación el rey de los Yoruba consultó al oráculo de Ifa, este ordenó que se dejara inmediatamente de matar a los bebés gemelos, y que no eran malignos sino, al contrario, portadores de buena suerte porque eran intermediadores entre los dioses y los hombres. A partir de este momento se instaló un culto de veneración de los gemelos y de sus madres, que con el tiempo acabó con el infanticidio. Otra leyenda dice que la esposa del legendario rey *Ajaka* dio luz a gemelos, y este dio órdenes de cambiar la tradición y salvar a sus hijos.

En los pueblos vecinos de los Yoruba de Nigeria, en la tribu de los Ewe en Togo, Benin y Ghana hay un culto similar, que son los *Venavi*. Estas figuras reciben un trato parecido a los *Ibeji*. Como se tocan sus caras cada vez que se habla con ellos, los rostros desaparecen con los años. A menudo a las estatuas les falta algo, normalmente una parte del pie o del brazo. Esto tiene su origen en un rito de sanación. Cuando el gemelo vivo cae gravemente enfermo, entonces se implora la ayuda del alma que reside en el *Venavi* para el enfermo. El *Babalawo* prepara una medicina que contiene limaduras del *Venavi*. De hecho a menudo el niño se recupera de su enfermedad gracias a la ayuda de su gemelo.

El gemelo solitario peter bourquin - carmen cortés

Todavía hoy en día hay países donde los gemelos sufren las consecuencias de las supersticiones de su gente. Hace algún tiempo vimos una noticia en la prensa. El nacimiento de gemelos en algunas zonas de la isla de Madagascar no es recibido con alegría, y no por motivos económicos o por lo difícil que puede ser criar dos bebés a la vez. Los *fady* o tabúes locales son una parte importante de la vida diaria en esta gran isla. En la región de Mananjary está muy arraigada la creencia de que el nacimiento de gemelos trae mala suerte y los padres se ven obligados a separarlos para no ser aislados por sus vecinos. Entre los años 1988 y 2008, dos orfanatos de Mananjary recibieron a 236 gemelos abandonados, según las autoridades.

33
Antiguos mitos

Las ancestrales raíces greco-latinas han marcado profundamente nuestra cultura occidental. Por un lado, filósofos como Sócrates, Platón o Aristóteles pusieron los cimientos de nuestro pensamiento y de nuestra ciencia y nos siguen influyendo hoy en día. Por otro lado, nuestro universo mítico y arcaico está originado en gran medida en los mitos griegos y romanos. En ellos aparecen de forma sorprendente varios pares de gemelos, empezando con el mismo rey de los dioses, Zeus y su esposa Hera. En este capítulo ilustramos brevemente algunas de las historias en que aparecen gemelos y la muerte de uno de ellos.

Cástor y Pólux

En la mitología griega, los gemelos Cástor y Pólux eran dos famosos héroes, hijos de Leda y hermanos de Helena de Troya. Eran llamados los Dioscuros, 'hijos de Zeus'. En latín eran conocidos como Gemini, 'gemelos'. Los hermanos fueron inseparables en todas sus aventuras y salieron victoriosos de muchas de ellas.

Cástor y Pólux raptaron a las hijas de Leucipo, Hilaira y Febe, y se casaron con ellas. Por eso, Idas y Linceo, ambos miembros de la familia de Leucipo, mataron a Cástor. Pólux, que había recibido el don de la inmortalidad de Zeus, rechazó su condición de inmortal si no podía compartirla con Cástor. Por ello Zeus realizó un pacto con su hermano Hades, según el cual los hermanos pudieran pasar seis meses en el Olimpo y otros seis en el reino de Hades. Así ambos se alternaban como dioses en el Olimpo y como mortales fallecidos en el Hades.

Hipnos y Thanatos

Otro mito griego es el de los gemelos Hipnos y Thanatos, dioses del sueño y de la muerte, ambos hijos de Nix, la noche. Una interpretación de este mito es que Thanatos murió y su hermano Hipnos se unió a él en sus sueños. También un proverbio alemán dice que el sueño es el hermano menor de la muerte.

De la misma forma, el gemelo vivo sigue unido a su hermano muerto. Una vez adulto, se siente de alguna manera distante de sus seres queridos, de su entorno y de la vida misma. Simbólicamente se podría decir que tiene un pie en la vida y el otro, en la muerte. A veces busca de forma inconsciente la muerte para estar de nuevo junto a su hermano.

Narciso y Ecos

Existen varias versiones de esta historia, dependiendo del autor o la fuente, como habitualmente ocurre con los mitos antiguos. Según la versión de Pausanias, el bello Narciso y la hermosa Ecos son mellizos. Se parecían mucho, se vestían igual, llevaban el pelo de manera parecida y compartían sus actividades, como pasear por el bosque o ir de caza. Cuando ella se murió joven, él se quedó inconsolable. Vagaba por el bosque llamándola y buscándola por todas partes, pero solo se encontraba con los ecos de su propia voz. En su profunda soledad finalmente encontró alivio cuando, al acercarse a una fuente y ver su reflejo en el agua, creyó que la estaba viendo a ella. Narciso acabó ahogado en el agua pues no pudo dejar de mirar su imagen.

Lo canta también Federico García Lorca, en su poema llamado 'Narciso':

"Niño,
¡Que te vas a caer al río!
            En lo hondo hay una rosa
            y en la rosa hay otro río.
¡Mira aquel pájaro! ¡Mira
aquel pájaro amarillo!
            Se me han caído los ojos
            dentro del agua.
¡Dios mío!
¡Que se resbala! ¡Muchacho!
            Y en la rosa estoy yo mismo.
Cuando se perdió en el agua,
comprendí. Pero no explico".

Dibujo de Federico García Lorca.

El gemelo solitario peter bourquin - carmen cortés

No nos parece casual que Narciso sea hijo de su padre Cefiso, dios de las aguas, y su madre Líríope, una ninfa, una deidad de las aguas. De su fin se podría interpretar que volvió a su origen, a la vida intrauterina.

Platón

Para finalizar nuestro recorrido por el mundo de los gemelos solitarios, nos parece de lo más adecuado incluir aquí un fragmento del famoso dialogo 'El Banquete' de Platón en el que este contempla el tema del Amor. Aunque no hable de gemelos de forma explícita, se hacen obvios ciertos paralelismos.

Allí Platón dice por boca de Aristófanes:

"Pero, primero, es preciso que conozcáis la naturaleza humana y las modificaciones que ha sufrido, ya que nuestra antigua naturaleza no era la misma de ahora, sino diferente. En primer lugar, tres eran los sexos de las personas, no dos, como ahora, masculino y femenino, sino que había, además, un tercero que participaba de estos dos, cuyo nombre sobrevive todavía, aunque él mismo ha desaparecido. El andrógino, en efecto, era entonces una cosa sola en cuanto a forma y nombre, que participaba de uno y de otro, de lo masculino y de lo femenino, pero que ahora no es sino un nombre que yace en la ignominia.

Eran también extraordinarios en fuerza y vigor y tenían un inmenso orgullo, hasta el punto de que conspiraron contra los dioses. (...)

Tras pensarlo detenidamente dijo, al fin, Zeus: 'Me parece que tengo el medio de cómo podrían seguir existiendo los hombres y, a la vez, cesar de su desenfreno haciéndolos más débiles. Ahora mismo, dijo, los cortaré en dos mitades a cada uno y de esta forma serán a la vez más débiles y más útiles para nosotros por ser más numerosos'.

Así, pues, una vez que fue seccionada en dos la forma original, añorando cada uno su propia mitad, se juntaba con ella y, rodeándose con las manos y entrelazándose unos con otros, deseosos de unirse en una sola naturaleza, morían de hambre y de absoluta inacción, por no querer hacer nada separados unos de otros. Y cada vez

que moría una de las mitades y quedaba la otra, la que quedaba buscaba otra y se enlazaba con ella, ya se tropezara con la mitad de una
mujer entera, lo que ahora precisamente llamamos mujer, ya con la
de un hombre, y así seguían muriendo.

Compadeciéndose entonces Zeus, inventa otro recurso y traslada
sus órganos genitales hacia la parte delantera, pues hasta entonces
también estos los tenían por fuera y engendraban y parían no los
unos en los otros, sino en la tierra, como las cigarras. De esta forma,
pues, cambió hacia la parte frontal sus órganos genitales y consiguió
que mediante estos tuviera lugar la generación en ellos mismos, a
través de lo masculino en lo femenino, para que si en el abrazo se
encontraba hombre con mujer, engendraran y siguiera existiendo la
especie humana.

Desde hace tanto tiempo, pues, es el amor de los unos a los otros
innato en los hombres y restaurador de la antigua naturaleza, que
intenta hacer uno solo de dos y sanar la naturaleza humana.

Pero cuando se encuentran con aquella auténtica mitad de sí mismos quedan entonces maravillosamente impresionados por afecto;
afinidad y amor, sin querer, por así decirlo, separarse unos de otros
ni siquiera por un momento. Estos son los que permanecen unidos en
mutua compañía a lo largo de toda su vida, y ni siquiera podrían decir
qué desean conseguir realmente unos de otros. Pues a ninguno se le
ocurriría pensar que ello fuera el contacto de las relaciones sexuales
y que, precisamente por esto, el uno se alegra de estar en compañía
del otro con tan gran empeño. Antes bien, es evidente-que el alma de
cada uno desea otra cosa que no puede expresar, si bien adivina lo
que quiere y lo insinúa enigmáticamente. Y si mientras están acosta-
dos juntos se presentara Hefestos con sus instrumentos y les pregun-
tara: '¿Qué es, realmente, lo que queréis, hombres, conseguir uno del
otro?', y si al verlos perplejos volviera a preguntarles: '¿Acaso lo que
deseáis es estar juntos lo más posible el uno del otro, de modo que ni
de noche ni de día os separéis el uno del otro? Si realmente deseáis
esto, quiero fundiros y soldaros en uno solo, de suerte que siendo

dos lleguéis a ser uno, y, mientras viváis, como si fuerais uno solo, viváis los dos en común y, cuando muráis, también allí en el Hades seáis uno en lugar de dos, muertos ambos a la vez. Mirad, pues, si deseáis esto y estaréis contentos si lo conseguís'. Al oír estas palabras, sabemos que ninguno se negaría ni daría a entender que desea otra cosa, sino que simplemente creería haber escuchado lo que, en realidad, anhelaba desde hacía tiempo: llegar a ser uno solo de dos, juntándose y fundiéndose con el amado. Pues la razón de esto es que nuestra antigua naturaleza era como se ha descrito y nosotros estábamos íntegros. Amor es, en consecuencia, el nombre para el deseo y persecución de esta integridad".

Esta figura gemelar, hecha de mármol, tiene unos 8.000 años de antigüedad.
Fue encontrado en Catal Höyük, Turquía. Colección Museo de la Cultura Anatólica,
Ankara.

Anexo

Bibliografía y fuentes

Desde la biología

Capítulos 1 y 2:

CHAMBERLAIN, D. (2013) *Windows to the womb*. USA: North Atlantic Books.
FEENSTRA, Coks (2007): *El Gran Libro de los Gemelos*. España: Ediciones Medici.
HAYTON, Althea (2011): *Womb Twin Survivors*. Inglaterra: Wren Publications
LARSEN, W.J. (2003): *Embriología Humana*. España: Editorial Elselvier.
NATIONAL GEOGRAPHIC (2006): *En el Vientre Materno: Gemelos, Trillizos y Cuatrillizos*. USA.

Capítulo 3:

BOKLAGE,C.E. (1995): *The Frequency and Survivability of Natural Twin Conceptions*. Capítulo en Keith, L. & Papiernik, E. *Múltiple Pregnancy: Epidemiology, Gestation and Perinatal Outcome*. USA: Parthenon.
LANDY, H.J. (1986): *The Vanishing Twin*. Acta Geneticae Medicae et Gemellologia. Vol. 31, Nº 3-4.
LANDY, H.J. (1998): *The Vanishing Twin, A Review*. Human Reproduction Update, Vol. 4, Nº 2.
LEVI, S. (1976): *Ultrassonic Asessment of the high rate of human múltiple pregnancy on the first trimestre*. Clinical Ultrasound, Vol. 4, Nº 1.

Capítulo 4:

CEPEDA, Arturo (2013): *La muerte de un hermano en el útero y sus manifestaciones biológicas.* Artículo sin publicar.

EDMONDS, H. & Hawkins, J. (1941): *The Relationship of Twins, Teratomas, and Ovarian Dermoids.* USA: Cancer Research, November.

HAYTON, Althea (2011): *Womb Twin Survivors.* Inglaterra: Wren Publications.

KASÁTKINA, Svetlana: *Quimeras humanas con dos ADN ¿Quiénes son?* La Voz de Rusia 25/5/2013.

NATIONAL GEOGRAPHIC (2006): *En el Vientre Materno: Gemelos, Trillizos y Cuatrillizos.* USA.

Capítulos 5 y 6:

AUSTERMANN, A. & AUSTERMANN B. (2006): *Das Drama in Mutterleib.* Alemania: Königsweg Verlag.

BERGLAND, R. (1988): *La fábrica de la mente.* España: Editorial Pirámide.

CHAMBERLAIN, D. (2002): *La mente del bebe recién nacido.* España: OB Stare.

CHAMBERLAIN, D. (2013): *Windows to the womb.* USA: North Atlantic Books.

HAYTON, A. (2011): *Womb Twin Survivors.* Inglaterra: Wren Publications.

HEPPER, P. (1997): *Fetal habituation: another Pandora's box?* Developmental Medicine & Child Neurology, 39.

JAMES, D. (2010): *Fetal learning: a critical review.* Infant and Child Development, N° 19.

KELLY, J. & VERNY, T. (1988): *La vida secreta del niño antes de nacer.* España: Urano.

MILLER, J.G. (1978): *Living systems.* USA: McGraw-Hill.

PEARSALL, P., SCHWARTZ, G.E. & RUSSEK, L.G. (2005): *Organ Transplants and Cellular Memories.* Nexus Magazine, Volume 12, Number 3.

PERT, C. (1985): *Neuropeptides and their receptors: A psychosomatic network.* Journal of Immunology 135 (2).

PIONTELLI, Alessandra (2002): *Del feto al niño.* España: Espaxs, S.A. Publicaciones Medicas.

RING, K. (1980): *Life at death: A scientific investigation of the near death experience.* USA: Coward, McCann y Geoghegan.

SINGER, J.: *Las Matrices Perinatales. Su Influencia en el Desarrollo del Niño y del Adulto.* Ob Stare.

Wade, J. (1996): *Changes of mind – A holonomic theory of the evolution of consciousness.* USA: State University of New York Press.

Desde la psicología

AUSTERMANN, Alfred & AUSTERMANN, Bettina (2009): *Das Drama im Mutterleib – Der verlorene Zwilling.* Alemania: Königsweg-Verlag.

AUSTERMANN, Alfred & AUSTERMANN, Bettina (Hg.) (2013): *Ich habe meinen Zwilling verloren – Alleingeborene erzählen.* Alemania: Königsweg-Verlag.

BABCOCK, B. (2009): *My Twin Vanished: Did Yours? – The Vanishing Twin Crisis.* USA: Tate Publishing & Enterprises.

BERNE, Eric (1974): *¿Qué dice usted después de decir hola?: La psicología del destino humano.* España: Editorial Grijalbo.

CHAMBERLAIN, David (2013): *Windows to the womb – Revealing the Conscious Baby from Conception to Birth.* USA: North Atlantic Books.

CHAMBERLAIN, David (2002): *La mente del bebé recién nacido.* España: Editorial OB Stare.

FEENSTRA, Coks (2007): *El gran libro de los gemelos.* España: Ediciones Medici.

HAYTON, Althea (2007): *Untwinned – Perspectives on the death of a twin before birth.* Inglaterra: Wren Publications.

HAYTON, Althea (2008): *A Silent Cry – Wombtwin survivors tell their stories.* Inglaterra: Wren Publications.

IMBERT, Claude (2000): *Un seul etre vous manque... – Auriez-vouseu un jumeau.* Francia: Editions VH.

LEVEND, Helga & JANUS, Ludwig (2011): *Bindung beginnt vor der Geburt.* Alemania: Mattes Verlag.

MARTORELL, J.L. (2002): *El guión de vida.* España: Desclée De Brouwer.

MAYER, N. J. (1998): *Der Kain-Komplex.* Alemania: Integral Verlag.

McCARTY, Wendy Anne (2008): *La conciencia del bebé antes de nacer.* México: Editorial Pax.

PINHEIRO, Claudia (2012): *Wir – Ich.* Alemania: Mattes-Verlag.

RUPPERT, Franz (2014): *Frühes Trauma. Schwangerschaft, Geburt und erste Lebensjahre.* Alemania: Klett-Cotta Verlag.

STEINEMANN, Evelyne (2006): *Der verlorene Zwilling – Wie ein vorgeburtlicher Verlust unser Leben prägen kann.* Alemania: Kösel-Verlag.

VERNY, Dr. Thomas & KELLY, John (1988): *La vida secreta del niño antes de nacer.* España: Ediciones Urano.

WADE, J. (1996): *Changes of mind – A holonomic theory of the evolution of consciousness.* USA: State University of New York Press.

WILHEIM, Joanna (1995): *Unterwegs zur Geburt – Eine Brücke zwischen dem Biologischen und dem Psychischen.* Alemania: Mattes Verlag.

WOODWARD, J. (1998): *The Lone Twin – Understanding twin bereavement and loss.* Inglaterra: Free Association Books.

Enlaces internacionales de interés

En español:

www.gemelosolitario.net (nuestra página)
www.asociacionpsicologiaperinatal.com
www.memorias-prenatales.com
www.partosmultiples.net
www.anep.org.es

En inglés:

www.birthpsychology.com
www.wombtwin.com
www.saga.co.uk/magazine/relationships/family/LoneTwins.asp

En alemán:

www.isppm.de
www.ifosys.de
www.evelynesteinemann.ch

En francés:

www.omaep.com
www.claude-imbert.com

En portugués:

www.gemeo-singular.blogspot.com
www.vizinhosdeutero.com.br

Sobre nosotros

Peter Bourquin De origen alemán, reside desde 1998 cerca de Barcelona. Fundador y codirector del instituto ECOS – Escuela de Constelaciones Sistémicas. Escritor y terapeuta de enfoque humanista, formado en Constelaciones Familiares, Terapia Gestalt, Brainspotting y en Integrative Psychotherapy con Richard Erskine.

Desde 2001 imparte formación en Constelaciones Familiares que realiza en diferentes ciudades españolas. Colabora en la formación y supervisión de profesionales con diversos institutos terapéuticos en España y Latino-américa. Es miembro didacta de las asociaciones alemana y española (DGfS y AEBH).

Es autor de los libros *Las constelaciones familiares* (2007) y *El arte de la terapia* (2011), ambos publicados en la Editorial Desclée De Brouwer, así como de numerosos artículos; es editor del ECOS-boletín desde 2005.

Carmen Cortés Berenguer Codirectora y profesora docente del instituto ECOS – Escuela de Constelaciones Sistémicas. *Experta Profesional en Constelaciones Familiares y Sistémicas* por el Real Centro Universitario María Cristina. Formada en diversos enfoques terapéuticos humanistas: Terapia Gestalt; *Integrative Psychotherapy* con Richard Erskine; *Brainspotting*; Programa SAT de psicoterapia integrativa y eneagrama con Claudio Naranjo; 'Gimnasia Centros de Energía'.

Imparte talleres de Constelaciones Familiares y colabora en la formación y supervisión de profesionales con diversos institutos terapéuticos en España y Latinoamérica.

Contacto

Peter Bourquin & Carmen Cortés
info@ecosweb.net
www.ecosweb.net
www.gemelosolitario.net

234

Peter Bourquin

Las constelaciones familiares

En resonancia con la vida

Colección: Serendipity
ISBN: 978-84-330-2181-6
Páginas: 164
Encuadernación: Rústica con solapas
Formato: 14 x 21 cm
Edición: 13ª

Peter Bourquin

El arte de la terapia

Reflexiones sobre la sanación
para terapeutas principiantes
y veteranos

Colección: Serendipity
ISBN: 978-84-330-2523-4
Páginas: 176
Encuadernación: Rústica con solapas
Formato: 14 x 21 cm
Edición: 2ª

Peter Bourquin

Fuerzas que sanan

Constelaciones sistémicas sobre enfermeda y salud

Colección: Serendipity MAIOR
ISBN: 978-84-330-2921-8
Páginas: 208
Encuadernación: Rústica con solapas
Formato: 17 x 22 cm
Edición: 1ª

Peter Bourquin

Trauma y presencia

Colección: Serendipity MAIOR
ISBN: 978-84-330-2993-5
Páginas: 350
Encuadernación: Rústica con solapas
Formato: 17 x 22 cm
Edición: 1ª

Sal de tu mente y entra en tu vida para adolescentes. Una guía para vivir una vida extraordinaria, por Joseph V. Ciarrochi, Louise Hayes, Ann Bailey (2ª ed.)

Trastornos de alimentación y autolesiones en la escuela. Estrategias de apoyo en el medio escolar, por Pooky Knightsmith

20 ideas básicas para ayudar a crecer a tus hijos. Cuaderno de notas, por Chandra Atkinson

Mírame, siénteme. Estrategias para la reparación del apego en niños mediante EMDR, por Cristina Cortés Viniegra (4ª ed.)

Educar entre dos, por Pilar Guembe y Carlos Goñi

Educando la alegría, por Pepa Horno Goicoechea (2ª ed.)

La armonía relacional. Aplicaciones de la caja de arena a la traumaterapia, por José Luis Gonzalo Marrodán y Rafael Benito Moraga

La magia está en tu interior. Meditación para niños, guía para padres, por Patricia Zubizarreta Canillas

Conversando con Erik. Una mirada gestáltica y relacional en la terapia y educación con niños y adolescentes, por Loretta Zaira Cornejo Parolini y Erik Baumann Cornejo

El convivenciario. Cuentos con valor, por Juan Lucas Onieva López

La danza de las emociones familiares. Terapia Emocional Sistémica aplicada con niños, niñas y adolescentes, por Mercedes Bermejo Boixareu

Adopción, trauma y juego. Manual para tratar a los niños adoptados y maltratados a través del juego, por Montse Lapastora y Noelia Mata

Técnica de Reparentalización con Muñecos. Juanita y el despertar del Niño resiliente que todos llevamos dentro, por Alicia Gadea

AMAE
ILUSTRADA

¿Cómo puedo salir de aquí?, por Cristina Cortés Viniegra

Los Abracadabrantes de Bojiganga y las emociones desbordadas, por Mª José Lamas

Psicopatología infantil, por Georgia Ribes y Roberto Calvo

(STOP Letting your mind drive) steven furtick
- you want peace but you feed fear (sTop)

- stop living by feeling and start living by faith
- stop waisting todays strength fighting tomorrows battle.

_____ o _____